Jean Ziegler, geboren 1936, Professor für Soziologie an der Universität Genf und am dortigen Institut für Entwicklungsstudien, ist zugleich Professeur associé an der Universität Paris I/Sorbonne und Nationalrat (Abgeordneter) im Parlament der Eidgenossenschaft. Er hat zahlreiche Bücher vor allem über die Dritte Welt veröffentlicht. Sein Buch »Die Schweiz wäscht weißer« ist eine heftige Anklage gegen das organisierte Verbrechen und die Mitwirkung der Schweizer Banken am Waschen von Drogengeldern und wurde viel diskutiert.

W0088088

Die als Motti verwendeten Zitate aus Theaterstücken Bert Brechts
sind entnommen aus:

Die Stücke von Bertold Brecht in einem Band
Suhrkamp Verlag Frankfurt/Main 1978
© Suhrkamp Verlag Frankfurt/Main

Dieses Buch wurde auf chlor- und säurefreiem Papier gedruckt.

Mit einem aktuellen Vorwort versehene Taschenbuchausgabe März 1992
Droemersche Verlagsanstalt Th. Knaur Nachf., München
© 1990 Editions du Seuil, Paris
© 1990 für die deutschsprachige Ausgabe
R. Piper GmbH & Co. KG, München
Titel der Originalausgabe »La Suisse lave plus blanc«
Aus dem Französischen von Friedrich Griese und Thorsten Schmidt
Umschlaggestaltung Manfred Waller
Umschlagfoto Zefa-Stockmarket/S. Fellerman
Druck und Bindung Elsnerdruck, Berlin
Printed in Germany 5 4 3 2 1
ISBN 3-426-04857-4

Jean Ziegler:

Die Schweiz wäscht weißer

Die Finanzdrehscheibe
des internationalen Verbrechens

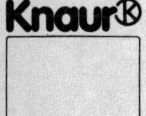

Dieses Buch ist dem Gedenken an vier Freunde gewidmet:

Michael Harrington, Vorsitzender der Democratic Socialists of America, gestorben im August 1989 in Larchmont, New York.

Bernt Carlsson, Hochkommissar der Vereinten Nationen für Namibia, ermordet im Dezember 1988.

Ignacio Ellacuria, Jesuit, Rektor der Mittelamerikanischen Universität, von den Todesschwadronen der salvadorianischen Armee am 16. November 1989 in San Salvador ermordet.

Roman Brodmann, Schriftsteller und Journalist, gestorben im Februar 1990.

Inhalt

*Wer könnte jetzt noch antworten
auf die entsetzliche Hartnäckigkeit
des Verbrechens, wenn nicht die
Hartnäckigkeit des Zeugnisses?*
Albert Camus

Die Hydra

Wie steht heute der Kampf, den die internationalen Verbrechersyndikate, insbesondere die Drogenkartelle, gegen die zivilisierte Gesellschaft führen?

Die erste Auflage von *Die Schweiz wäscht weißer* erschien im Frühjahr 1990, als die Schweiz von der Schockwelle der Kopp-Affäre erschüttert wurde, die auch jene Kreise in Europa erfaßte, die durch das Eindringen des Todesgeldes in Finanzkreisläufe und öffentliche Institutionen beunruhigt waren. Mittlerweile sind mehrere Nachauflagen des Buches erschienen. Es ist in 14 Sprachen übersetzt worden und hat mehrere hunderttausend Leser gefunden.

In den letzten beiden Jahren ist sich die Öffentlichkeit in den westlichen Staaten zunehmend der tödlichen Gefahr bewußt geworden, die die mehreren hundert Milliarden Dollar an fluktuierendem Kapital krimineller Herkunft, das in legalen Finanzkreisläufen »weißgewaschen« wird, für die Länder mit freier Marktwirtschaft darstellen. Die Unterwanderung der Institutionen demokratischer Staaten durch Handlanger der Verbrechersyndikate ist ein weiteres Problem, das plötzlich in das Bewußtsein der westlichen Öffentlichkeit gedrungen ist.

In allen europäischen Ländern – außer in der Schweiz – hat man drastische Gegenmaßnahmen beschlossen. Nachfolgend seien einige genannt: Die von den Staats- und Regierungschefs der sieben führenden Industrienationen bei ihren Gipfeltreffen 1989 und 1990 verabschiedeten Emp-

9

fehlungen wurden von den meisten Staaten in ihre nationalen Rechtsvorschriften übernommen. So verpflichtet etwa das neue französische Gesetz über das Waschen von Drogengeld, das am 12. Juli 1990 verabschiedet wurde, sämtliche im Finanzsektor tätigen Berufsgruppen, wie Bankiers, Börsenmakler, Wirtschaftsprüfer, Treuhänder usw., zu besonderer strafrechtlicher Wachsamkeit. Seit Februar 1991 gibt es im französischen Finanz- und Haushaltsministerium eine Spezialabteilung zur Ermittlung und Bekämpfung von Drogengelddelikten: die TRACFIN. In ihr arbeiten so erfahrene Männer wie der Hauptkommissar René Wack und Michel Danet von der Abteilung für Sonderermittlungen des Zolls sowie etwa zwanzig weitere Staatsanwälte, Polizisten und Experten. Diese *Drogengeldfahnder* werden hauptsächlich auf Anzeigen hin tätig. Das geht folgendermaßen vor sich: Jede große Bank, jede bedeutende Investment-, Treuhand- und Finanzierungsgesellschaft bestimmt einen ihrer Mitarbeiter als Verbindungsmann zur TRACFIN; sobald am Schalter ein verdächtiger Kunde auftaucht, wird eine Verdachtsanzeige an das Ministerium gefaxt; beschließt die TRACFIN, die Anzeige an die Staatsanwaltschaft weiterzuleiten, damit diese ein Ermittlungsverfahren einleitet, wird die anzeigende Bank ihrer zivil- und strafrechtlichen Verantwortung enthoben. Die TRACFIN erhält durchschnittlich etwa 20 Anzeigen pro Monat.

Praktisch *alle Staaten der EG* haben ähnliche Gruppen von *Drogengeldfahndern* aufgestellt. Sie stehen jedoch vor einer sehr schweren Aufgabe. Jeden Tag wechseln weltweit über 700 Milliarden Dollar ihre Besitzer. René Wack beziffert allein für 1990 die schmutzigen Gelder, die aus Nord- und Südamerika, dem Nahen und Fernen Osten stammen und die in legalen Finanzkreisläufen der EG gewaschen werden sollten, auf 80 Milliarden Dollar. Um die Überschwemmung der europäischen Volkswirtschaften mit Drogengeldern und anderen Geldern krimineller Herkunft zu bekämpfen, bereitet das Europäische Parlament deshalb den Erlaß neuer, noch strengerer Direktiven vor.

Montag, 24. Juni 1991, in Saal 62 im 6. Stockwerk des Gebäudes des *Europäischen Parlaments in Brüssel:* Der Untersuchungsausschuß tagt unter der Leitung des englischen Laborabgeordneten David Bowe. Als Zeuge geladen, verfolge ich mit wachsendem Interesse die Ausführungen des deutschen Kommissars *Gerald Möbius*, der die Abteilung FOPAC (Fonds provenant d'activités criminelles) von Interpol leitet, des Staatsanwaltes von Palermo, *Giuseppe Ayala*, eines Leiters einer Außenstelle der DEA (Drug Enforcement Administration; amerikanisches Amt zur Bekämpfung der Drogenkriminalität) und sieben weiterer Staatsanwälte und Polizisten, die im Kampf gegen die Drogenkartelle täglich ihr Leben und das ihrer Familien aufs Spiel setzen.

Die jüngsten Siege dieser Männer und Frauen sind beeindruckend. Nach bürgerkriegsähnlichen Kämpfen und einer kontinentübergreifenden Jagd ist das blutrünstige Kartell von Medellin, das bis zum Frühjahr 1991 der Hauptlieferant von Kokain, Crack usw. für die 15 Millionen Drogensüchtigen in den Vereinigten Staaten war, praktisch zerschlagen. Sein oberster Boß, Pablo Escobar, wurde am 19. Juni 1991 verhaftet.

Nach einer langwierigen und gefährlichen Unterwanderung durch Agenten der DEA durchsuchte Scotland Yard am 5. Juli desselben Jahres den Hauptsitz der BCCI (Bank of Credit and Commerce International). Das multinationale Imperium der BCCI, das hauptsächlich von Pakistanis geleitet wurde und dessen nominelles Aktivvermögen über 20 Milliarden Dollar betrug, erstreckte sich auf 73 Länder. Die BCCI, gegen die seit 1986 ermittelt wurde, ist ein typisches Beispiel für ein interkontinentales Finanznetz,

11

das das organisierte Verbrechen in all seinen vielfältigen Facetten unterstützt. Lange Zeit besaß die BCCI einen hervorragenden Deckmantel der Legalität: Mit Cheik Zayed, dem Präsidenten der Vereinigten Arabischen Emirate, der im April 1990 77 Prozent ihrer Aktien sein eigen nannte, verfügte sie lange Zeit über einen erstklassigen Kreditbürgen. In den Vereinigten Staaten benutzt die BCCI den saudischen Multimilliardär Ghaith Pharaon als Strohmann. Nachdem Pharaon von Bert Lance, einem ehemaligen Berater von Präsident George Bush, die National Bank of Georgia gekauft hatte, um sie an die First American Bankshares weiterzuverkaufen, war er lange Jahre eine Galionsfigur der amerikanischen Bankenwelt.[1] Hinter ihrer sauberen Fassade betrieb die BCCI die einträglichsten und kriminellsten Geschäfte: Finanzierung des internationalen Waffenhandels, Rückschleusen von mehreren hundert Millionen Drogendollar und wahrscheinlich auch Unterstützung des Terrorismus im Nahen Osten. Die BCCI war die »Hausbank« des früheren Diktators von Panama, Manuel Noriega, der gegenwärtig in Florida wegen Rauschgifthandels im Gefängnis sitzt. Einer der schlimmsten Verbrecher der Neuzeit, Abu Nidal, besaß bei der BCCI mehrere Girokonten. Das *Time Magazine* meint lakonisch: *»the dirtiest bank of all«* (die schmutzigste Bank, die es gibt).[2]

Eine der wichtigsten und aktivsten BCCI-Filialen, die *Banque de commerce et de placement international*, war in Genf zu finden. In 69 Ländern ließen die Behörden die BCCI-Filialen schließen, ihre Verantwortlichen verhaften. In Genf geschah – wie gewöhnlich – nichts. Die *Banque de commerce et de placement international* wurde völlig legal

---

1 *Time Magazine*, New York, 22. und 29. Juli 1991.
2 *Time Magazine*, New York, 22. und 29. Juli 1991.

an eine türkische Finanzgesellschaft verkauft, als der Skandal bekannt wurde. Trotz des vom District Attorney von Manhattan zur Verfügung gestellten umfassenden Beweismaterials unterließ es die Genfer Justiz, eine Untersuchung zu eröffnen. Auch die Eidgenössische Bankenkommission, der ein millionenschwerer Zürcher Wirtschaftsanwalt vorsteht, schlief in gewohnter Manier. Gegen den helvetischen BCCI-Statthalter *Alfred Hartmann* wurde trotz einer Interpellation im Parlament[3] und einiger Artikel in der Presse[4] nichts unternommen: Der Mann gehörte bis zum Wechsel zu den Pakistanis der Generaldirektion einer Zürcher Großbank an.

Das Verbrechen ist dem Gesetz immer um eine Nasenlänge voraus. Die Hydra ist noch lange nicht tot: Kaum ist einer ihrer Köpfe abgeschlagen, wächst an anderer Stelle schon wieder ein neuer. Zum Beispiel in Kolumbien. Während das Kartell von Medellin am Boden liegt, haben in der 350 Kilometer von Medellin entfernten Stadt Cali Agenten des Todes, die ebenso grausam sind wie Pablo Escobar, die lukrativen amerikanischen Märkte übernommen. Robert Bonner, Chef der DEA, behauptet, daß »das Kartell von Cali heute die weltweit größte Vertriebsorganisation für Kokain ist«.[5] 1991 kontrollieren die blutrünstigen Herrn von Cali 70 Prozent des amerikanischen und nahezu 90 Prozent des europäischen Marktes, wo der Preis für Kokain im Durchschnitt fünfmal höher ist als auf den Straßen von New York. Nach Ansicht von Bonner bereitet sich das Kartell von Cali auf die Eroberung des japanischen Mark-

---

3 Nationalrat, Interpellation No. 91.3410 vom 11.12.1991 betr. Banque de commerce et de placement, Genf, Waschen krimineller Gelder.
4 Insbesondere Kurt Brandenberger: »Die Bankenkommission spielt Blindekuh. BCCI, die Weltbank des Verbrechens, hatte in der Schweiz einen aktiven Stützpunkt«, in DIE WELTWOCHE, Zürich, 12.12.1991.
5 *Der Spiegel*, Nr. 30/1991.

tes vor. Die Preise, die dort üblich sind, lassen die Herzen jedes Agenten des Todes höher schlagen: in Tokio kostet ein Kilo reines Kokain 100 000 Dollar. Das Kartell von Cali hat eine Besonderheit: Es transportiert seine Ware vorzugsweise per Schiff. Die amerikanischen Zollbehörden kontrollieren jedoch nur 3 Prozent der 9 Millionen Container, die jährlich in den Häfen der Vereinigten Staaten gelöscht werden.

Sogar die Verhaftung von Escobar und die vorgebliche Zerschlagung des Kartells von Medellin hat den Verbrechen der Banden aus der Provinz Antiochia kein Ende gesetzt! Pablo Escobar ist 41 Jahre alt, sein Machthunger und seine Habsucht sind ungebrochen. Er erklärte sich bereit, mit seinen beiden Stellvertretern, John Jairo Velasquez und Carlos Aguira, einstweilen in dem eigens nach seinen Wünschen eingerichteten, mit Telefonen und Telefax-Geräten ausgestatteten Luxusgefängnis zu bleiben, das in seiner Heimatprovinz Envigado liegt. Der Präsident Kolumbiens feiert die Inhaftierung von Escobar als einen entscheidenden Sieg. Ein teuer bezahlter Sieg: Nicht genug damit, daß die Haftbedingungen ausgehandelt wurden, Präsident Gaviria verpflichtete sich auch dazu, das Auslieferungsgesetz nicht mehr anzuwenden (zwischen 1984 und Oktober 1990 hat Kolumbien 46 Drogenhändler und Profikiller an die Vereinigten Staaten ausgeliefert).

Die Killer der Drogenkartelle sind auf den fünf Kontinenten aktiver als je zuvor. Der reuige italo-amerikanische Gangster Mannoia teilt im Juli 1991 mit, daß Clans der sizilianischen Mafia mitten in London Killerbanden unterhalten, die sie je nach Bedarf aktivieren. Ihr Anführer sei *Francesco di Carlo*, der gegenwärtig wegen Heroinschmuggels in Großbritannien eine Haftstrafe von 25 Jahren verbüßt. Die Liste von Verbrechen, die dieser Mann wahrscheinlich auf dem Kerbholz hat, ist beeindruckend. In seiner Heimatprovinz Altofonte hat er die Mordanschläge auf die Karabinieri-Hauptmänner Boris Giuliano und Emmanuele Basile organisiert. Der italienische Richter *Ninni Cassara*, der ihn in seinem Londoner Exil verhörte, war etwas zu neugierig: Bei seiner Rückkehr nach Sizilien wurde er ermordet. Der reuige Mannoia machte noch eine weitere Enthüllung, die den »Selbstmord« von Robert Calvi betraf. Bekanntlich war Calvi, der Präsident der Banco Ambrosiano – der Hausbank des Vatikan – und ein Freund von Licio Gelli, 1983 erhängt in den Metallverstrebungen unter der Black Friar Bridge (der Brücke der Schwarzen Brüder) in London gefunden worden. Mannoia enthüllte die Identität der Mörder: Francesco di Carlo hat mit Hilfe zweier Nachwuchskiller den unglücklichen Bankier erdrosselt und anschließend an einem Stahlträger der Brücke aufgehängt.[6]

Freitag, den 9. August 1991, am späten Nachmittag: Der 56jährige *Antonio Scopelliti*, Generalstaatsanwalt bei der Ersten Kammer des Kassationshofes in Rom, verabschiedet sich am Strand von Villa San Giovanni von seinen Freunden. Der Junggeselle Scopelliti, der tief mit seiner Heimat Kalabrien verbunden ist, verbrachte seine Ferien gewöhnlich bei seinen betagten Eltern in dem Dorf Campo Calabria. Das Dorf ist auf einem felsigen Hügel gelegen, hoch über dem kristallklaren Meer. Die Straße dorthin windet sich sanft der Anhöhe entgegen. Scopelliti fährt allein in seinem schwarzen BMW 318. Die Sonne senkt sich langsam zur Meerenge von Messina hinab. Es ist heiß. Auf der Höhe des kleinen Friedhofs von Canitello wird der

---

6 Mannoia machte diese Enthüllungen am 15. Juli 1991 in den Räumen der Staatsanwaltschaft von Manhattan vor 5 italienischen Staatsanwälten (vgl. *La Repubblica* vom 28./29. Juli 1991). Seit März 1991 steht Mannoia unter dem Schutz des FBI, das ihn als Belastungszeugen in dem von der amerikanischen Regierung gegen den Mafiaclan der Gambinos angestrebten Prozeß präsentieren will.

BMW am Ende einer Kurve von einem Auto überholt. Eine Bewohnerin eines nahe gelegenen Dörfchens hört zwei Schüsse. Sie sieht, wie der BMW ins Schleudern gerät, von der Straße abkommt und schließlich nach einigen Metern gegen eine Brücke prallt. Ein Mann eilt zu dem verunglückten Auto: erneut fällt ein Schuß. Die von der Frau alarmierten Karabinieri aus Villa San Giovanni treffen um 18 Uhr 30 ein. Scopelliti ist tot, seine langen braunen Haare bedecken sein blutüberströmtes Gesicht. Zwei Schüsse aus der »Lupara« (ein mit Explosivmunition geladenes Repetiergewehr, wie es gewöhnlich von den Killern der Mafia verwendet wird) haben ihn an der linken Schläfe und am Hals getroffen. Unter der Brücke erhielt er dann den Gnadenschuß mit einem Revolver P-38.

Zwei Tage später gab der italienische Staatspräsident Francesco Cossiga vor dem Sarg des ermordeten Staatsanwalts die ersten Ermittlungsergebnisse bekannt: Die Mörder gehörten der Ndrangheta von Regio Calabria an und seien von einem mächtigen Clan der sizilianischen Mafia gedungen worden.

Schon 1971 wurden in Italien die ersten wirkungsvollen Gesetze zur Bekämpfung der verschiedenen »Familien« der sizilianischen Mafia, der kalabrischen Ndrangheta und der neapolitanischen Camorra verabschiedet. In demselben Jahr stellte man auch die ersten Gruppen von »Superrichtern« auf. In den letzten zwanzig Jahren haben die Killer der Mafia 20 Staatsanwälte und Richter umgebracht. Der erste auf der langen und blutigen Liste dieser Märtyrer der Gerechtigkeit ist der am 5. Mai 1971 in Palermo ermordete 65jährige Staatsanwalt Pietro Scaglione. Trotz der außergewöhnlichen Schutzmaßnahmen, die diesen Richtern und Staatsanwälten zuteil werden, von denen die meisten auf ein normales Familienleben verzichtet haben und die in Karabinieri-Kasernen oder bunkerähnlichen Villen wohnen, sich nur in Begleitung mehrerer schwerbewaffneter

Leibwächter fortbewegen und in Justizgebäuden arbeiten, die Festungen gleichen, wurde jedes Jahr einer dieser Helden der Neuzeit ermordet. Das letzte Opfer vor dem Hinterhalt von Campo Calabro war der Ermittlungsrichter Rosario Livatino, 38, der am Morgen des 21. September 1990 in Agrigento auf offener Straße erschossen wurde.

Trotz ihrer Abscheulichkeit folgen diese Morde einer bestimmten Logik: der eines erbarmungslosen Krieges, den das organisierte Verbrechen gegen die Polizei und die Richter- und Staatsanwaltschaft führt. Jeder der ermordeten Richter und Staatsanwälte – ganz zu schweigen von den Opfern unter den Polizisten und Karabinieri – war direkt in den Kampf gegen das organisierte Verbrechen verwickelt und führte Ermittlungen aufgrund von Verbrechen durch, die auf das Konto eines Mafia-Clans gingen. Mit der Ermordung von Scopelliti hat sich die Situation radikal verändert: Der Kassationshof in Rom ist das höchste Gericht des Staates; die dort tätigen Staatsanwälte und Richter führen keine Ermittlungen vor Ort durch. Der Angriff auf die höchsten Richter und Staatsanwälte ist ein Angriff auf den Staat selbst. Der Krieg des organisierten Verbrechens gegen die zivilisierte Gesellschaft ist am Nachmittag des 9. August 1991 in eine neue, entscheidende Etappe getreten.

Die Tötungsmaschinerie läuft auch in Kolumbien unvermindert weiter. *Enrique Loew Murtra*, ein leidenschaftlicher Kämpfer gegen die Rauschgiftkriminalität, ist ihr jüngstes Opfer. Ich habe Enrique Loew Murtra geschätzt und bewundert. Er ist ein unspektakulärer Held: Jurist durch und durch, elegant, gebildet, ein unersättlicher Leser und ein Liebhaber der Beethovenschen Symphonien, ist er geradezu der Idealtypus des diskreten Hochschullehrers. 1985, als Guerillas der Bewegung M-19 den Justizpalast besetzen, ist er Richter am Obersten Gericht von Bogota. Präsident Bétencourt beschließt, mit den Besetzern zu verhandeln, denen er freies Geleit anbietet, wenn sie den zahlreichen Geiseln (Richtern, Gerichtsschreibern, Polizisten, Schriftführern, Archivaren) nichts antun. Doch die Armee verweigert den Gehorsam: Eliteeinheiten beschießen das Gebäude mit Artillerie und stürmen es dann – wobei sie ein furchtbares Blutbad anrichten. Murtra gehört zu den wenigen, die lebend aus den Trümmern geborgen werden. Er wird Justizminister in der Regierung des Nachfolgers von Bétencourt, Virgilio Barco. Da er weiß, daß die zahlreichen Mordanschläge auf Richter gerechte Verfahren gegen die Drogenbarone, ihre Killer und Finanziers unmöglich machen, setzt er sich nachhaltig für die Anwendung des Auslieferungsgesetzes ein. Sein Leben und das seiner Familie sind fortan in Gefahr. Einer seiner Vorgänger, Rodrigo Lara Bonilla, wird ermordet. Murtra geht daraufhin als Botschafter in die Schweiz. In Bern ändert er jeden Tag den Fahrtweg zu seinem Amtssitz und er wird ständig von Leibwächtern begleitet. Wie durch ein Wunder fängt die Berner Polizei zwei Killerkommandos ab. Schließlich kehrt Murtra nach Kolumbien zurück, um dort wieder als Hochschullehrer zu arbeiten. Als er am Nachmittag des 30. April 1991 den Hörsaal verläßt, wird er von zwei jungen Killern mit drei Schüssen in den Kopf niedergestreckt.

Auch im Nahen Osten sind die Verbrechersyndikate auf dem Vormarsch; sie erobern neue Regionen und gewinnen immer mehr Macht.

Entgegen aller Erwartungen hat weder die Entwaffnung noch die nahezu völlige Auflösung der verschiedenen libanesischen Milizen, die jeweils über eigene Labors und Verladekais verfügten, noch der Zusammenbruch des kommunistischen Regimes in Bulgarien, dessen Geheimdienste den mit türkischen Nummernschildern gekennzeichneten TIR-Lastkraftwagen die erforderlichen gefälschten Papiere beschafften, den Zustrom von nahöstlichem Heroin nach Europa und in die Vereinigten Staaten gestoppt. Die europäische Behörde, die am besten über den Organisationsplan der im »Fruchtbaren Halbmond« tätigen Drogenkartelle informiert ist, das deutsche *Bundeskriminalamt* (BKA), weist darauf hin, daß dieser Markt seit zwei Jahren seine Heroin- und Morphinbase-Lieferungen in Richtung Europa deutlich erhöht habe. Der syrische Geheimdienst, der bereits die endlosen Mohnfelder der Beeka-Ebene kontrollierte, hat nunmehr direkten Zugriff auf die Labors in Beirut. Das Ende der kommunistischen Diktatur in Bulgarien, der traditionellen Drehscheibe des Drogen- und Waffenhandels sowie des nahöstlichen Terrorismus, hat einem gesellschaftlichen und politischen Chaos den Weg bereitet, das die »Arbeit« der Drogenhändler sogar noch leichter macht. Und auch die ehrenwerten Personen – etwa Yassir Mussullulu –, nach denen Interpol seit Jahrzehnten vergeblich fahndet, sollen nach jüngsten Berichten unter dem Schutz ihrer bewährten Protektoren in Damaskus und Teheran in aller Ruhe ihr schmutziges Handwerk weiter betreiben.

Am 1. Januar 1993 fallen in Europa die Zollschranken. Der freie Kapital-, Waren-, Personen- und Dienstleistungsverkehr in einem einheitlichen Wirtschaftsraum mit 350 Millionen Verbrauchern wird die Drogenfahnder – trotz des Schengener Abkommens[7] – vor schier unüberwindliche Probleme stellen. Der Kampf, den der demokratische Rechtsstaat den weltweit organisierten Verbrechersyndikaten liefert, gleicht einem Rennen zwischen

---

7 Dieses Abkommen, das die europäischen Regierungen am 14. Juni 1985 geschlossen haben, regelt die Koordinierung der Maßnahmen zur Bekämpfung des Drogenhandels und des Terrorismus.

einem rostigen Fahrrad und einem Ferrari: Die Verbrechersyndikate verfügen über Mittel, von denen Polizei und Justiz nur träumen können. *Gerald Möbius*, der bei Interpol für das Aufspüren der Milliarden von Drogendollars, die in Europa und der ganzen Welt zirkulieren, zuständig ist, verfügt über genau 5 ständige Mitarbeiter. In der Zentrale von Interpol in Lyon sind etwas mehr als 300 Personen tätig, von denen nur ganze hundert Polizisten sind.

Ein Paradox: Der Rechtsstaat selbst stellt für die Jäger der Agenten des Todes eine letzte, wahrscheinlich unüberwindliche Schranke dar. Denn die demokratische Gesellschaft, deren Hüter der Rechtsstaat ist, kann es nicht zulassen, daß man zur Bekämpfung des organisierten Verbrechens die Mittel ihrer Todfeinde einsetzt. Um jenen, die ihr Reich des Bösen unter Einsatz sämtlicher moderner Kommunikations-, Finanz- und Gewaltmittel errichten, den Garaus zu machen, bräuchte man einen *Polizeistaat*, der all seine Bürger ständig überwacht und ihre Freiheiten und Grundrechte mißachtet. Ein derartiger Polizeistaat ist abzulehnen. Er würde bei seinen Befürwortern politische und moralische Ansichten voraussetzen, die – wie uns die Erfahrung lehrt – der Autokratie und dem Faschismus Vorschub leisten.

Daher müssen wir mit diesem Widerspruch leben: Der Wunsch der Polizei nach mehr Fahndungsmitteln ist ebenso berechtigt wie die Furcht der Bürger vor einem Abdriften in den Polizeistaat. Wir müssen diese objektive Grenze anerkennen, die die Vernunft der Verfolgung des abscheulichsten Verbrechens setzt – denn was ist niederträchtiger, als die Verzweiflung, die Erniedriund häufig auch das Leben junger Menschen auszunutzen, um gewaltige Vermögen anzuhäufen.

In diesem Zusammenhang ist die deutsche Diskussion aufschlußreich: 1992 soll ein neues *Bundesgesetz über »die Bekämpfung des Drogenhandels und sämtlicher anderer*

Formen des organisierten Verbrechens« (es übernimmt größtenteils die verschiedenen bereits in den Bundesländern geltenden Gesetze) in Kraft treten. Das neue Bundesgesetz sieht ganz neue polizeiliche Ermittlungsbefugnisse vor: Installierung von Videokameras und Mikrofonen in Büros und Privaträumen »verdächtiger« Personen; zum Kreis »verdächtiger« Personen gehören auch diejenigen, die einem künftigen Straftäter bei der Vorbereitung seines Verbrechens unwissentlich helfen könnten; Einsatz von verdeckten Ermittlern; diese verdeckten Ermittler, das sind Polizisten im Sondereinsatz, können Straftaten begehen, ohne sich dafür strafrechtlich verantworten zu müssen (Beispiel: Drogengeschäfte abschließen, um sich so Zutritt in einen Verbrecherring zu verschaffen). Dieses neue Gesetz wird von einem Teil der Öffentlichkeit, von Juristen, liberalen Abgeordneten und Menschenrechtsorganisationen entschieden abgelehnt.[8]

Die »privilegierte« Position des Finanzplatzes Schweiz als einer der, wenn nicht gar der bedeutendsten Drehscheiben des Drogengeldes hat im Verlauf der letzten beiden Jahre an Bedeutung gewonnen. Um diese Veränderung zu verstehen, muß man sich in Erinnerung rufen, daß die Schweiz weder der EG noch den Vereinten Nationen angehört und folglich nicht gezwungen ist, irgendeine der Direktiven und der Kontrollmaßnahmen des Europäischen Parlaments und des UN-Ausschusses zur Bekämpfung des Drogenhandels umzusetzen.

In dem Maße, wie Drogenhändler aus Südamerika und dem Nahen Osten ihre Präsenz in den Vereinigten Staaten verstärken und neue Märkte in Europa und Japan erobern,

---

8 *Der Spiegel*, Nr. 31/1991, gibt einen Überblick über die in der öffentlichen Diskussion benutzten Argumente.

nimmt die Bedeutung einiger Schweizer Großbanken und Finanzierungsgesellschaften zu.

Nehmen wir als Beispiel das Kokain, das in der Stadt New York verkauft wird. Die DEA schätzt, daß allein das Cali-Kartell dort monatlich Kokain für 7 bis 12 Millionen Dollar verkauft (diese Zahl gilt für 1990). Die Abnehmer zahlen gewöhnlich mit 5-, 10- oder 20-Dollar-Noten, so daß die Kassierer der Großhändler jeden Monat Geldscheine mit einem Gesamtgewicht zwischen 450 kg und 1,4 Tonnen anhäufen. Diese Geldscheine werden übrigens nicht mehr gezählt, sondern einfach verpackt und gewogen. New Yorker Beamte der DEA haben vor kurzem in einem LKW, der zur Abfahrt nach Mexiko bereitstand, eine Beute von 19 Millionen Dollar sichergestellt. Im Oktober 1990 wurden in Kabelrollen auf Long Island Pakete entdeckt, die 14 Millionen Dollar in kleinen Scheinen enthielten.

Um diese Gelder kümmern sich anschließend internationale Finanziers, die in direkter Verbindung zu den Kartellen stehen und von Steuerparadiesen wie den Cayman-Inseln, Curacao, Hongkong, Singapur, Manila oder Bangkok aus operieren. Auf die astronomischen Summen, die durch ihre Hände gehen, erhalten sie eine Provision von 0,5 bis 2 Prozent. Sie lassen die ihnen anvertrauten Gelder so schnell wie möglich zwischen der größtmöglichen Zahl von Ländern zirkulieren. Ihre Fachkompetenz, ihre Kenntnis der Weltfinanzmärkte, ihre vielen Bekannten in aller Welt sind im allgemeinen beeindruckend. Ihre Aufgabe besteht darin, Spuren zu verwischen, die wahre Identität der Gläubiger und den kriminellen Ursprung dieses Todesgeldes so schnell wie möglich in Vergessenheit zu bringen.

Im Oktober 1991 begann im Justizpalast von Luxemburg der erste große europäische Prozeß gegen einen dieser mutmaßlichen Drogenfinanziers: den Kolumbianer *José Franklin Jurado*. Jurado arbeitete in dem luxemburgischen Dörfchen Olm in einem kleinen, unauffälligen Büro, das mit einem einzigen Fax-Gerät, einem Fernschreiber und einem Telefon ausgerüstet war. Am 26. Juni 1990 war er zusammen mit zwei weiteren Kolumbianern, Edgar Alberto Garcia Montilla und Ricardo Mahecha Bustos, auf einer Autobahn gestellt worden. Juroda und seine Mitangeklagten werden beschuldigt, zwischen 1987 und 1990 55 Millionen Drogendollar gewaschen zu haben.

Jurado, 43, ist ein schillernder, geheimnisvoller Mann, dessen Leben einen seltsamen Bruch aufweist. Schwarze, leicht gelockte Haare umrahmen ein braunes Gesicht, aus dem hinter einer eleganten Brille mit einer dünnen metallenen Fassung zwei flinke, kluge schwarze Augen hervorstrahlen. Als Sohn eines Direktors einer kolumbianischen Erdölgesellschaft genoß er das angenehme Leben eines Jugendlichen, der in Kolumbien in bürgerlichen Verhältnissen aufwächst. Studium in den Vereinigten Staaten, zunächst an der Columbia-University in New York, dann in Harvard. Er teilt sein Zimmer mit dem künftigen Senator Al Gore, knüpft zahlreiche Freundschaften und wird von seinen Professoren sehr geschätzt. 1969 promoviert er in Harvard cum laude. Als Patriot und entschiedener Gegner der Drogenkartelle kehrt er in seine Heimat zurück. Dort wird er Assistent des Todfeindes der Drogenkartelle, Senator Luis Carlos Galan (Galan wird 1989 ermordet). 1984 kehrt Jurado in die Vereinigten Staaten zurück. Er wird »Faculty-researcher« an der Harvard Law School. 1987 verschwindet er plötzlich... um in Luxemburg wieder aufzutauchen.

Mit seinen dunklen Anzügen, seiner unauffälligen Eleganz, seinem beinahe schüchternen Auftreten und seinen außergewöhnlichen intellektuellen Fähigkeiten hat Jurado nichts von einem brutalen, zynischen Verbrecher nach Art von Gilberto Rodriguez oder José Luiz Ochoa.[9] Er gleicht aufs Haar einem der vielen jungen, erfolgreichen Yuppies an der Wallstreet, die wie besessen nach Reichtum und Macht streben. Ja das *Time Magazine* gesteht ihm sogar eine gewisse Genialität zu![10]

Die DEA schätzt, daß es nach wenigstens drei Buchungsvorgängen überaus schwer, ja fast unmöglich wird, die Identität der Anspruchsberechtigten und die wirkliche Herkunft der Gelder zu ermitteln. So ist es nicht verwunderlich, daß diese Gelder nach Ende des komplizierten Waschzyklus auf Nummernkonten renommierter Großbanken landen, wo sie als Investitionskapital ihre gewinnträchtige Wanderschaft durch die legalen Kreisläufe der angesehensten Finanzplätze in den Vereinigten Staaten, Europa und Japan beginnen.

Die außergewöhnliche Schwäche des Schweizerischen Bundesstaates, der Mangel an Geldmitteln und an effizienten Gesetzen zur Bekämpfung des organisierten Verbrechens führen dazu, daß keine der Maßnahmen, die nach der ersten großen Welle von Skandalen im Jahre 1989 ergriffen wurden, wesentliche Änderungen bewirkt hat.[11]

Mangel an Geldmitteln: Die Bilanzsumme der drei größten Schweizer Banken betrug im Jahr 1990 insgesamt über 550 Milliarden Schweizer Franken. Der Gesamthaus-

---

9 Nach Ansicht des Staatsanwalts ist Jurado einer der wichtigsten Finanziers der Kartelle von Medellin und Cali. Rodriguez, der Boß des Kartells von Medellin, und Ochoa, der an der Spitze des Kartells von Cali steht, wurden in Spanien verhaftet; Washington hat ihre Auslieferung verlangt; Spanien hat dies abgelehnt und sie an Kolumbien ausgeliefert... wo sie freigelassen wurden.

10 »Martyr or mastermind? The strange odyssey of a cocaine cartels alleged money-laundering genius«, in *Time Magazine*, 29. Juli 1991.

11 Zeitgleich mit dem Zufluß schmutzigen Kapitals steigt in der Schweiz auch die Zahl der Drogentoten: 1990 waren es 287 – bezogen auf die Einwohnerzahl ist dies der höchste Prozentsatz in Westeuropa. Nach Aussage des Schweizer Bundesanwaltes Willy Padrutt nahm 1990 der Konsum von Heroin um 6,1 Prozent und der von Kokain um 15,3 Prozent zu.

halt der Eidgenossenschaft hingegen, der sich auf 33 Milliarden Schweizer Franken beläuft, stellt lediglich 6 Prozent dieser Summe dar.

Mangel an effizienten Gesetzen: Zum ersten Mal in ihrer Geschichte verfügt die Eidgenossenschaft – seit dem 1. August 1990 – über ein Gesetz gegen die Rückschleusung schmutzigen Geldes, insbesondere von Drogendollars. Martin Bürgisser, der Leiter der Abteilung Wirtschaftskriminalität bei der Kantonalpolizei Zürich, meint dazu: »Dieses neue Gesetz ist praktisch völlig wirkungslos.«[12]

Die Wirkungslosigkeit dieses neuen Gesetzes zeigt sich jeden Monat an zahlreichen Beispielen. Ich möchte hier nur einen Fall anführen, der am 18. März 1991 im Nationalrat, dem Schweizer Parlament, zur Sprache kam. An einem kalten Januarmorgen landet ein italienisches Militärflugzeug auf dem verschneiten Flughafen Zürich-Kloten. Sein Passagier: ein etwa 50jähriger Mann von mittlerer Größe, mit lebhaften schwarzen Augen, kurzgeschnittenen grauen Haaren und einem schmalen graumelierten Schnurrbart. Giovanni Falcone, Generaldirektor der Abteilung für Strafsachen beim italienischen Justizministerium und davor (für viele Jahre) Leiter einer Gruppe von Anti-Mafia-Richtern in Palermo, ist eine der am meisten gefährdeten Personen Europas. In der Halle des Flughafens erwartet ihn der Zürcher Staatsanwalt Peter Gasser, der von mehreren Sicherheitsbeamten in Zivil begleitet

---

12 Vgl. *Neue Zürcher Zeitung* vom 10. April 1991. Zwar hat der Schweizer Justizminister Arnold Koller am 15. März 1991 auf den gemeinsamen Druck von EG und amerikanischer Regierung hin seine Absicht bekanntgegeben, im Parlament ein neues, verschärftes Gesetz einzubringen – im Unterschied zu den Vorschriften, die in den übrigen Rechtsstaaten gelten, verpflichtet sein Gesetzesvorhaben die Banken und Finanzierungsgesellschaften immer noch nicht, die Einlage von schmutzigem Geld und kriminelle Transaktionen, von denen sie hätten Kenntnis erlangen können, an die Behörden zu melden.

wird. Die beiden Staatsanwälte begeben sich in die bewachten Räume des Bezirksgerichts. Dort werden sie mehrere Tage lang die Direktoren und Angestellten der Bank *Cantrade* verhören. Diese mittelgroße Effektenbank, die über ein weitverzweigtes Netz interkontinentaler Beziehungen verfügt, gehört der größten Bank des Landes, der *Schweizerischen Bankgesellschaft* (SBG).

Hier die Vorgeschichte dieses exemplarischen Falles: Einige Zeit vor diesem Verhör war in Zürich ein Antrag der italienischen Justiz auf Beschlagnahme einiger Konten eingegangen. Gasser hatte der Bank Cantrade einen entsprechenden Bescheid zugestellt. Die italienische Justiz hatte nämlich ein Konto über 10 Millionen Dollar identifiziert, das einer Familie der sizilianischen Mafia gehörte und die darauf ihren Profit aus kriminellen Geschäften deponierte. Was tut die Direktion der Bank? Sie beordert sofort den Strohmann des Mafiaclans nach Zürich, weist ihn auf die Gefahr für das Konto hin und rät ihm, das Geld sofort abzuheben. Sie nennt ihm zugleich den Namen einer in Zürich ansässigen Treuhandgesellschaft, die ebenfalls der Schweizerischen Bankgesellschaft gehört. Der Strohmann löst das Konto auf, transferiert das Geld zu der Treuhandgesellschaft, die bei der Bank Cantrade auf seinen Namen ein Konto eröffnet. Nach dieser kleinen Reise landen die 10 Millionen Dollar also erneut bei der Bank Cantrade... Einziger Unterschied: der Profit des Todes lautet nicht mehr auf Dollar, sondern auf Schweizer Franken.

Die Verhöre von Falcone und Gasser bringen diese ganze Strategie ans Tageslicht. Mit welchem Erfolg? Keinem! Falcone fliegt zurück nach Italien. Gasser verzichtet darauf, ein Ermittlungsverfahren gegen die Bank oder einen ihrer Direktoren einzuleiten. Die Eidgenössische Bankenkommission und die Schweizer Regierung verhängen weder gegen die Bank Cantrade noch gegen die Treuhandgesellschaft und erst recht nicht gegen die mächtige

Schweizerische Bankgesellschaft, das führende Finanzimperium des Landes, irgendeine Sanktion.

Lassen Sie mich noch ein anderes Beispiel für die Ineffizienz der neuen Strafnorm anführen: Im Juni 1989 treffen sich Vertreter des Kartells von Medellin mit John Galatolo, einem Abgesandten der sizilianischen Mafiafamilie der Madonia, in einem Hotel von Miami. Die Madonias werden in Zukunft das kolumbianische Kokain in Europa vertreiben und gleichzeitig für das Medellin-Kartell eine Geldwaschorganisation einrichten. Ein wichtiger Mittelsmann dieser Organisation ist der Mailänder Finanzier *Giuseppe Lottusi.*

Das amerikanische FBI verhaftet Ende 1989 in Miami den italoamerikanischen Gangsterboß Joe Cuffaro. Der Mann packt aus. Er erzählt von Lottusis Aktivitäten. Lottusi wird beschattet. Im Oktober 1991 wird er geschnappt. Lottusi ist ehrenwerter Geschäftspartner (und zeitweise Untermieter) der Tessiner Treuhandgesellschaft Fimo SA in Chiasso. Ihr gehört auch die Albis-Bank. Lottusi unterhält zudem wichtige Konten bei der Genfer *Union Bancaire Privée*, CBI-TDB. Dort treffen regelmäßig von der schweizerischen Post beförderte Postpakete mit 300 000 Dollar in gebündelten Noten ein. Das Geld wird jeweils nach Venezuela übermittelt.

Nun das pikante Detail: Präsident der Fimo SA (bis zum Bekanntwerden des Skandals) ist der Tessiner Staranwalt *Gianfranco Cotti.* Cotti ist Abgeordneter im Nationalrat (Bundesparlament) und eine der führenden Persönlichkeiten der Christlich Demokratischen Partei. Und vor allem: Er stand jener Parlamentskommission vor, welche das unglückliche Geldwaschgesetz ausarbeitete und alles daransetzte, dieses Gesetz so mild wie möglich ausfallen zu lassen.

Die Untersuchung gegen die Fimo SA liegt in den Händen der Luganeser Staatsanwältin Carla Del Ponto. Am 18. Oktober 1991 gibt sie ein Communiqué heraus: Sie sagt, sie werde unverzüglich »gegen Unbekannt« ermitteln, schließt aber bereits im Communiqué jegliche Schuld des wichtigen Christdemokraten aus. Bis jetzt sind weder von seiten der Justiz noch von seiten der Eidgenössischen Bankenkommission Maßnahmen gegen die genannten Banken sowie Treuhand- und Finanzgesellschaften ergriffen worden. *Business as usual*... Wie so häufig in solchen Fällen ist die einzige Klage, die bisher eingereicht wurde, jene gegen die Zeitung, welche den Skandal in der Schweiz publik gemacht hat. Die Nationalrätin Geneviève Aubry, Verwaltungsrätin der *Albis-Bank*, hat gegen die Lausanner Wochenzeitung *L'Hébdo* wegen Ehrverletzung Klage eingereicht.[13]

Auch an der erschütternden *Schwäche der kantonalen Gerichte*[14] in der Schweiz hat sich nichts geändert. Keine der verdächtigen Genfer Finanzierungsgesellschaften, die in dem Bericht des parlamentarischen Untersuchungsausschusses vom November 1989 genannt werden, wurde in irgendeiner Weise behelligt. Im März 1991 gab die Zürcher Justiz bekannt, daß die Ermittlungen gegen die Sharkachi-Trading AG und ihren Hauptaktionär Mohammed Sharkachi nach 6 Monaten eingestellt würden. Und das, obwohl der Sharkachi-Clan seit vielen Jahren in zahlreichen Untersuchungsberichten der DEA und mehrerer europäischer Sicherheitsbehörden auftaucht. Er hat unter anderem die Banknoten zurückgeschleust, aus denen das Lösegeld für eine entführte Lufthansa-Maschine bestand. Später haben die Sharkachis das gleiche mit dem Lösegeld gemacht, das bei einer Geiselnahme bezahlt wurde. Deutsche und holländische Rechtshilfeersuchen im Zusammen-

---

13 Pascal Auchlin und Bruno Giussani: »Nouvelle affaire de blanchissage, 100 millions de Dollars ont transité par la Suisse«, in *L' Hébdo*, Lausanne, 12. Dezember 1991.
14 In der Eidgenossenschaft liegt die Gerichtshoheit bei den Kantonen.

hang mit diesen Fällen scheiterten an dem mangelnden Willen zur Zusammenarbeit der Zürcher Justiz.

Im Tessin zeigen sich die gleichen Mißerfolge. So haben Jean und Barkev Magharian (46 beziehungsweise 37 Jahre alt), zwei der Hauptfinanziers des türkisch-libanesischen Heroinhändlerringes, die im Herbst 1989 von einem Schwurgericht in Bellinzona zu einer Freiheitsstrafe von jeweils 4 Jahren verurteilt wurden, im Juli 1991 die Schweiz in Richtung Damaskus verlassen – als freie und reiche Männer, die offensichtlich bester Dinge waren.

Noch unverständlicher erscheinen den Beobachtern zuweilen die Praktiken der Genfer Justiz. Sowohl im nationalen wie auch im kantonalen Parlament kamen wiederholt die Aktivitäten von Finanzgesellschaften und internationalen Finanzjongleuren zur Sprache, die von den amerikanischen, italienischen und anderen Behörden der Geldwäscherei verdächtigt werden. Gegen keine dieser Gesellschaften oder Personen wurde in Genf eine gerichtliche Untersuchung eröffnet. International bekannte Journalisten dagegen, die auf Grund eigener Recherchen in gutem Glauben bestimmte Verdachtselemente publizierten, wurden mit Gefängnis und hohen Bußgeldern bestraft.

Auch in der Schweiz gibt es mutige, entschlossene Richter. Unter ihnen macht sich Enttäuschung, ja Verzweiflung breit. Zwei Beispiele: Der energische Staatsanwalt Hans Baumgartner, mit der Verfolgung der wuchernden Finanzkriminalität in Zürich betraut, legte Ende Dezember 1991 völlig frustriert sein Amt nieder. Der oberste Drogenfahnder der Eidgenossenschaft, Staatsanwalt Jörg Schild, will den Beruf wechseln. Er kündigte für Februar 1992 seinen Rücktritt an.

Unterdessen wird die Schweiz von Gewalttaten erschüttert. Am Donnerstag, dem 18. Juli 1991, gegen Mitternacht legen sich drei mit militärischen Kampfanzügen bekleidete und Strumpfmasken tragende Männer vor der in dem kleinen Ort Corsinge in der Nähe von Genf gelegenen Villa von Marwan Sharkachi, dem Halbbruder von Mohammed, auf die Lauer. Die Gangster fangen zunächst seine Ehefrau, Tatiana Sharkachi, ab, die kurz vor ihrem Mann eintrifft, und schlagen sie mit dem Kopf gegen eine Wand. Als Marwan vorfährt und aus seinem Wagen steigt, wird er von den Schreien seiner Frau alarmiert. In dem folgenden Handgemenge leistet er heftigen Widerstand. Da fallen Schüsse, und Marwan bricht schwerverletzt zusammen. Die Entführung scheitert. Die Gangster verschwinden in der Nacht.[15]

Der Dichter und Pfarrer Kurt Marti, Freund des verstorbenen Friedrich Dürrenmatt, spottet:[16]

Heil Vetia!
In deinen Höhlen
lagern die Schätze der Welt,
Bewacht
von pünktlichen Gnomen.
Beschützt
von Milizen und Mirages.
Heilig, heilig, heilig:
das Asylrecht des Geldes –
und abends erröten panoramisch die Alpen,

---

15 Marwan Sharkachi behauptet in mehreren Presseerklärungen (*Tribune de Genève*, 20./21. Juli 1991; *Le Matin*, Lausanne, 20. Juli 1991) mit Nachdruck, daß er nichts mit den Aktivitäten seines Halbbruders zu tun habe. Beim Tod ihres gemeinsamen Vaters Mahmud hat Marwan einen Teil des Imperiums geerbt. Er kontrolliert heute insbesondere die Finanzierungsgesellschaften Falcons Brokers and Investment AG und die MKS Finances AG. Im Tessin besitzt er die Goldgießerei und Edelmetallverarbeitungsfabrik Pamp AG.
16 Kurt Marti: Heil Vetia. Mirage ist die Markenbezeichnung für die Kampfflugzeuge der schweizerischen Luftwaffe.

summen die Wohnfabriken zuhauf,
und Dienstverweigerer meditieren
friedlich
in ihren Zellen.

Das vorliegende Buch, das die herausragende Rolle des Finanzplatzes Schweiz als Drehscheibe der Profite des organisierten Verbrechens, des Fluchtkapitals aus der Dritten
Welt und der internationalen Steuerflucht analysiert, das
die Unterwanderung einiger Bereiche des Staates durch
Agenten des Todes anprangert und die Wehrlosigkeit eines
in der Zwangsjacke des Traditionalismus und des Konsen-
ses gefangenen Staates kritisiert, stieß in der Schweiz, in
Europa, Lateinamerika und Japan auf eine oftmals lebhafte
Zustimmung. Es hat mir zahlreiche neue Freundschaften
eingetragen und die Tür zu manch unverhoffter und
fruchtbarer Zusammenarbeit geöffnet. Sehr viele Menschen in der Schweiz und in anderen Ländern, aber auch
und vor allem meine Verleger, insbesondere die Editions
du Seuil in Paris und der Piper Verlag in München, haben
mir ihre aktive, mutige und unerschütterliche Solidarität
und Sympathie bekundet.

Die Schweiz wäscht weißer hat mir aber auch erbitterte
Feindschaften eingetragen. Mehrere Bankiers, Finanziers,
Immobilienspekulanten und Wirtschaftsanwälte haben
versucht, auf gerichtlichem Wege ein Publikationsverbot
für dieses Buch zu erwirken. Da ihnen dies nicht gelungen
ist, haben sie in mehreren Ländern, insbesondere in Frankreich, der Schweiz, Deutschland und Österreich, bei Straf-
bzw. Zivilgerichten Schadensersatzklagen eingereicht.
Andere Gesellschaften und Einzelpersonen haben mich
wegen Kreditschädigung und übler Nachrede angezeigt.

Während ich dieses Vorwort niederschreibe, sind sieben
Verfahren gegen das Buch anhängig. Meine Gegner fordern astronomische Summen von mir, die meine Mittel bei

weitem übersteigen und sich auf über 6,6 Millionen Schweizer Franken belaufen. Für Anwalts- und Gerichtskosten geben meine Verleger und ich schon jetzt große Summen aus.

Die Absicht meiner Gegner ist leicht zu durchschauen: Da es ihnen nicht gelungen ist, die durch das Buch ausgelöste – im allgemeinen zu ihren Ungunsten verlaufende – öffentliche Diskussion zu verhindern, versuchen sie nun, den Autor finanziell zu ruinieren.

Um ihnen dabei zu helfen, hat das Schweizer Parlament, in dem die Abgeordneten, die zugleich in Verwaltungsräten von Banken, Finanzierungsgesellschaften und Industriekonzernen sitzen, über eine solide Mehrheit verfügen, am Donnerstag, den 20. Juni 1991, beschlossen, meine parlamentarische Immunität aufzuheben.

Jean Ziegler
Genf im Januar 1992

Das eidgenössische Emirat

Gesegnet mit Landschaften von atemberaubender Schönheit, hat die Schweiz mein Bild von der Welt, von den Menschen und von der Geschichte zutiefst geprägt. Als Brutstätte des Verbrechens stellt sie mich vor ein Rätsel.

Auf unserem Planeten ist die Schweiz heute zur Hauptdrehscheibe der Geldwäscherei geworden, der Rückschleusung von Todesdollars in den allgemeinen Wirtschaftskreislauf. Für Generationen war sie das Symbol der Hygiene, der Gesundheit, der Sauberkeit gewesen. Heute ist sie ein Ansteckungsherd. Die multinationalen Organisationen der Droge und des Verbrechens, mit Geschäftsführern, Finanziers und Anwälten von bewundernswerter Amoralität ausgestattet, stellen für die demokratischen Gesellschaften Feinde dar, die praktisch unbesiegbar sind. In diesem Sinne ist die Schweiz ein paradigmatischer Fall.

Es grenzt ans Unmögliche, das »Wesen« der Schweiz zu begreifen. Ich kenne auf der ganzen Welt keine Gesellschaftsformation, die so wenig über sich selbst Bescheid weiß, die so erstarrt, so geheimniskrämerisch, so sehr jeder Selbstkritik abhold und so wild entschlossen ist, ihre eigene Undurchsichtigkeit zu organisieren, wie die Schweizerische Eidgenossenschaft.

In der Schweiz leben 6,8 Millionen Menschen. Die Einheimischen gehören vier verschiedenen Völkern an, und jedes verteidigt mit einer bewundernswerten Hartnäckigkeit seine angestammte Kultur, seine Sprache, seine Religionen, seine Sitten, seine Vorurteile, seine Riten. Außer diesen 5,8 Millionen Bürgern halten sich eine Million Ausländer in der Schweiz auf.[1]

Schweizer Bürger und ausländische Arbeiter bewohnen ein Gebiet, das sich vom Alpenbogen bis zu den kalkigen Hochebenen des Jura erstreckt. Im Schnittpunkt aller großen Zivilisationen des Kontinents gelegen (abgesehen von der skandinavischen, slawischen und der iberischen), bedeckt es eine Fläche von 42 275 Quadratkilometern, von der nur ein Drittel bewohnbar ist.

Das reichste Land der Erde ist die Föderation der Vereinigten Arabischen Emirate; das zweitreichste ist die Schweiz.[2] Der Rohstoff der Föderation der Vereinigten Arabischen Emirate ist das Erdöl, *der Rohstoff des eidgenössischen Emirats ist das fremde Geld*. Seine Währung ist eine der stärksten und stabilsten der Welt: Die Schweizer Nationalbank verfügte 1989 über Goldreserven von 2590 Tonnen – das ist der drittgrößte Schatz, den eine Zentralbank hütet. Dieses winzige Land, das nur 0,15 Prozent der bewohnten Landfläche des Planeten einnimmt und dessen Bevölkerung nur 0,03 Prozent der Weltbevölkerung ausmacht, spielt auf dem Erdball eine beträchtliche Rolle: Als Geldmarkt steht es an zweiter, als Goldmarkt an erster Stelle, und auf dem Gebiet der Rückversicherung ist es der bedeutendste Marktplatz der Welt.

Neulich lief mir unter den Arkaden der mittelalterlichen Altstadt von Bern der sympathische Zürcher Nationalrat

---

1 Es handelt sich im wesentlichen um ausländische Arbeiter, die der meisten Bürgerrechte beraubt sind. In Genf zum Beispiel sind 51 Prozent der Erwerbstätigen Ausländer.
2 Das von der Weltbank zugrunde gelegte Kriterium ist das Realeinkommen je Einwohner.

Peter Spaelti über den Weg, dessen gebräuntes Gesicht verrät, daß Leben und Regieren ihm Spaß machen. Der Mann ist Vorstandsvorsitzender der Winterthur-Versicherungen. Ganz euphorisch erzählte er mir, daß ihm ein phantastischer Coup gelungen sei: Seine Gesellschaft werde künftig die Rückversicherung der National Insurance Company of China übernehmen. Über 1,2 Milliarden Chinesen, die bei der winzigen Schweiz rückversichert sind!

Die fünf größten Banken der Schweiz sind mit ihrem weltweiten Netz und ihren Anlagemöglichkeiten auf der internationalen Szene von geradezu schwindelerregender Dimension. Wie reich sind sie? 1988 waren es 483 Milliarden Schweizer Franken (fast 573 Milliarden Mark).

Ihre Interventionsfähigkeit auf den Weltmärkten und ihre Wettbewerbsfähigkeit gegenüber den anderen internationalen Finanzimperien beruhen vor allem auf dem Umfang ihrer Eigenmittel. Die internationale Zeitschrift *Euromoney* stellt alljährlich eine Rangliste der maßgebenden Banken der Welt auf – jener Banken, die über die bedeutendsten Eigenmittel verfügen. 1988 nahmen die Schweizerische Bankgesellschaft, die Schweizerische Kreditanstalt und der Schweizerische Bankverein unter den fünfundzwanzig größten Banken der Welt eine hochrangige Stellung ein.

Gigantische Geldströme fließen in das eidgenössische Emirat und überschwemmen seine Ufer mit enormen Profiten. Die Verrechnungsstelle Zürich, die die Geldbewegungen zwischen den Banken regelt, schichtet tagtäglich rund 100 Milliarden Schweizer Franken um.

Diese die Gefilde des Emirats befruchtenden Geldströme führen dreierlei Sorten Geld mit sich: *sauberes Geld*, das aus normalen, gesetzlich zulässigen Geschäften stammt; *graues Geld*, das von den führenden Schichten Frankreichs, Italiens, Deutschlands, Skandinaviens, usw. dem Fiskus vorenthalten oder von Machthabern aus der

Dritten Welt veruntreut wurde, und schließlich das *schwarze* oder *schmutzige* Geld, das bei weitem überwiegt. Milliarden von Dollars, die Beute der internationalen Netze des Drogen- und Waffenhandels und anderer krimineller Aktivitäten, werden alljährlich von den schweizerischen Emiren eingeschleust, versteckt, »gewaschen« und reinvestiert.

Das Gesetz vom 8. November 1934, das das Bankgeheimnis begründet, schützt diese Berge von Gold, Devisen und Wertpapieren wirksam vor den neugierigen Blicken der ausländischen Steuerbehörden, der ausgeplünderten Staaten – und manchmal auch der Rechtsnachfolger der Gläubiger. Beispiel: Hunderte Millionen von Dollars und Vermögenswerte jeglicher Art sind ab 1933 von jüdischen Gemeinden, Handelsgesellschaften und Familien aus ganz Europa bei Schweizer Banken deponiert worden. Sechs Millionen Juden wurden von den Nazis ermordet. Rund 7000 Überlebende (oder rechtmäßige Erben) haben nach dem Krieg die Herausgabe ihrer Guthaben gefordert. 961 von ihnen haben (wenn man es so ausdrücken kann) Genugtuung erhalten: Das Emirat hat ihnen 9,5 Millionen Schweizer Franken herausgegeben. Die verbleibenden astronomischen Summen, die nach dem Gesetz als »ohne bekannte Gläubiger« gelten, sind in das Eigentum der Schweizer Banken übergegangen.

Während des Zweiten Weltkrieges war das Deutsche Reich von den westlichen Finanzmärkten abgeschnitten. Zürcher Großbanken tauschten das von den Nazis in ganz Europa geraubte Gold (Kunstwerke, Wertpapiere usw.) gegen von der deutschen Kriegswirtschaft benötigte Devisen – Dollar, Pfund Sterling, Schweizer Franken – um. Die schweizerischen Waffenlieferungen an das Dritte Reich, zum Beispiel jene der Firma Oerlikon-Bührle – letzte Lieferung: April 1945 –, waren für die Deutschen von vitaler Bedeutung.

Die Summe der von den Schweizer Banken und Finanzinstituten verwalteten Privatvermögen beläuft sich nach Angaben der amerikanischen Treuhandgesellschaft McKinsey gegenwärtig auf 1200 Milliarden Schweizer Franken. Dieses Vermögen ist in den letzten fünf Jahren um 20 Prozent gewachsen, je zur Hälfte aus reinvestierten Gewinnen und aus dem Zustrom neuen Kapitals.

Nach der McKinsey-Untersuchung stammen die Mittel zu 40 bis 45 Prozent aus Europa, zu rund 25 Prozent aus der Schweiz selbst, zu 15 Prozent aus Lateinamerika und zu 10 Prozent aus anderen Regionen der Welt.

Der Auslandssaldo der Schweiz – der Betrag ihres Guthabens im Ausland – belief sich 1988 auf 124 Milliarden Schweizer Franken. Das Auslandsvermögen der Schweiz beträgt also pro Einwohner mehr als 20000 Schweizer Franken.[1] Damit ist sogar das europäische Industrieland Nummer eins, die Bundesrepublik Deutschland, übertroffen, deren Finanzüberschuß gegenüber dem Ausland 1988 »nur« 185 Milliarden Schweizer Franken betrug. Besonders eindrucksvoll sind die Investitionen, Bankeinlagen usw. der Schweiz in den Ländern Asiens und Afrikas, vor allem in Südafrika. Der Sanktionsausschuß der Vereinten Nationen stellt in seinem Bericht vom September 1989 nüchtern fest, daß die massiven und ständig erneuerten Kredite der Schweizer Großbanken für die rassistische Regierung in Pretoria eine »wertvolle Sauerstoffzufuhr« bedeuten.

Die Nettogewinne der fünf größten Schweizer Banken belaufen sich heute auf über zwei Milliarden Schweizer Franken und damit annähernd auf den Betrag, den die Länder der Dritten Welt diesen Banken 1988 zur Bedienung ihrer Schulden zurückzahlen mußten.

---

1 Die Auslands-Aktiva betrugen 536 Milliarden, die Passiva 412 Milliarden (Zahlen in *Bulletin de la Banque nationale suisse*, 1989).

Ich erinnere mich an einen Novembernachmittag im Sitzungsraum Nr. 86 im zweiten Stock des Bundeshauses. Durch die hohen Glasfenster, ein Werk der lombardischen Glasermeister, die während des 19. Jahrhunderts ihr Handwerk in Bern ausgeübt hatten, drang ein milchiges Licht und überflutete die Gesichter, die Wände, Tische und Sessel.

Auf der Tagesordnung der Außenhandelskommission des Nationalrats stand die Refinanzierung der Außenverschuldung Brasiliens. Brasilien ist heute nach Mexiko das am höchsten verschuldete Land der Welt: Am 31. Dezember 1989 waren es 126 Milliarden Dollar. Das soziale und wirtschaftliche Leben des Landes wird erstickt von den Schulden. Jedesmal, wenn die Geier vom Internationalen Währungsfonds auf Brasilia niedergehen, werden soziale Subventionen gestrichen, werden Hunderte von Spitälern, Schulen und Volksküchen geschlossen. In den Riesenstädten am Atlantik bevölkern verwahrloste Kinder und Bettler aller Altersstufen die Bürgersteige. In den ländlichen Siedlungen des Nordens, im ganzen unermeßlichen Sertão, in den Elendsquartieren von Minas Gerais, am Rande der Pisten von Amazonien und Para gehen die *garimpeiros*, die *boia fria*[1] und ihre Familien einem langsamen Hungertod entgegen. Das Würgeeisen der Schulden bringt die Ärmsten, die kinderreichsten Familien Brasiliens, um. 1989 würden die Zins- und Tilgungszahlungen auf die Schul-

---

[1] *garimpeiros* sind Gold- oder Diamantensucher, die im Schlamm, im Regen oder bei sengender Hitze auf eigene Faust arbeiten. Die halbnomadischen ländlichen Tagelöhner heißen *boia fria*, weil sie »kalt essen«. Bei Tagesanbruch finden sie sich auf dem Dorfplatz ein; der Beauftragte des Großgrundbesitzers sucht sich dann einige heraus, die für einen Tag, für eine Woche oder auch für drei Monate eingestellt werden. Sie bekommen einen lächerlich geringen Lohn. Ihre Frauen, Mütter oder Schwestern kochen ihnen das traditionelle Gericht, schwarze Bohnen, die sie in einem Kochgeschirr mitnehmen und kalt essen.

den, wenn sie denn bezahlt würden, mehr verschlingen, als Brasilien durch seine Ausfuhren einnimmt.

Ein stattliches Raubtiergesicht mittleren Alters mit mächtiger Nase und schmalen Lippen, grauen Strähnen und grünen Augen, aus denen die Intelligenz hervorblitzt, leiert ein Finanzexperte der Schweizerischen Nationalbank seine Zahlen über Brasilien herunter: Industrieinvestitionen und Währungsreserven der Zentralbank im freien Fall, während Dauerarbeitslosigkeit, Inflation und Kindersterblichkeit schwindelnde Höhen erreichen. Schlußfolgerung: Brasilien muß ein neuer, bedeutender Kredit gewährt werden!

Neben mir ein Deputierter aus Thurgau, Bauer von Beruf und mit den glänzenden Pirouetten der (Bank-)Herren des Landes nicht sehr vertraut, bittet ums Wort, hüstelt und sagt verwirrt: »Wenn ich Sie richtig verstanden habe, ist Brasilien praktisch pleite. Warum dann neue Millionenkredite in dieses Faß ohne Boden werfen?«

Das prächtige Raubtier richtet seine grünen Augen auf den Ahnungslosen. Mit der Sanftmut der Überheblichen antwortet er: »Mein lieber Herr, in Carajas, im Norden des Landes, sind vor kurzem die reichsten Uran- und Manganvorkommen des Kontinents entdeckt worden. Einen Katzensprung von der Küste entfernt, versprechen sie bedeutende Gewinne. Wir haben also Sicherheiten.«

Der Herr hatte gesprochen: Brasilien liegt am Boden, vollkommen fertig, hat seine Zahlungen praktisch eingestellt, ist ausgeblutet? Davon lassen wir uns nicht beeindrucken! Zynisch, allmächtig und effizient, werden wir seine Souveränität widerrufen, in sein Territorium eindringen und uns der Schätze bemächtigen, die uns zustehen! Zufrieden und stolz stimmten die Kommissionsmitglieder für den Kredit. Einzig der Bauer aus Thurgau, ein wenig beunruhigt darüber, mit einem abscheulichen Linksradikalen zu stimmen, stellte sich mit mir gegen die Entscheidung, die Vorkommen von Carajas zu plündern.

Im Schweizer Imperium geht – wie im Reich Karls V. – die Sonne nicht unter. Seine Macht beruht darauf, daß es Fluchtkapital hehlt, aber auch und vor allem darauf, daß es Drogengeld wäscht.

Dieses Geld korrumpiert die Menschen und ruiniert ihre Institutionen.

Dieses Buch beschreibt, wie das organisierte Verbrechen eine jahrhundertealte Demokratie infiltriert. Es zeigt auf, wie akut die Gefahr ist, und macht Vorschläge zu ihrer Bekämpfung.

Genf, im März 1990   J.Z.

ERSTER TEIL

Die Droge ist wie die Pest

1

François Mitterrand schlägt Alarm

Samstag, 26. August 1989: Über dem Arche de La Défense und den 1500 Gästen aus aller Welt, die auf der Freitreppe zusammenstehen, zieht eine warme Nacht herauf. Riesenscheinwerfer und Fahnen in den drei Farben der Republik durchbrechen die Dämmerung. Frankreich feiert den 200. Jahrestag der Proklamation der Menschenrechte.

François Mitterrand betritt das Podium: »Die Erklärung von 1789 nimmt in der Geschichte der Menschheit einen solchen Rang ein, daß man sagen kann, sie habe deren Verlauf verändert. Sie verkündet den Anbruch einer neuen Zeit, ungeachtet dessen, was es danach an Abweichungen, Knechtung und Verstößen gegeben hat. Eingegraben in die Erinnerungen, bleibt sie auch künftig unwandelbar; ihre Botschaft hat nichts von ihrer Kraft verloren, im Gegenteil, sie prägt weiterhin den Geist zahlreicher internationaler Abkommen und Verträge.«

Plötzlich unterbricht der Redner sein lyrisches Historiengemälde. Präzise, fast monoton, zählt er die Gefahren auf, die heute die Menschenwürde bedrohen: »Die mörderische Gewalt der Drogenhändler wird zu einer mit den Staaten konkurrierenden Macht und formiert sich in den internationalen Organisationen des Verbrechens. Bauen wir gegen sie den Schutz der menschlichen Person aus, die in ihrem Innersten bedroht ist. Seien wir solidarisch mit denen, die in der vordersten Linie stehen. [...] wir müssen den Mut haben, zu denken und auszusprechen, daß mit dieser Kette der Korruption, mit diesen Agenten des Todes kein Kompromiß möglich ist.«[1]

Dienstag, 10. Oktober 1989, in Caracas: François Mitterrand konkretisiert die internationale Verpflichtung Frankreichs. Frankreich schließt mit Venezuela ein Kooperationsabkommen im Kampf gegen den Drogenhandel. Beide Länder wollen Informationen über den Handel und das Waschen der Drogenprofite austauschen; darüber hinaus will Frankreich für die Ausbildung von Fachleuten der Drogenbekämpfung und für die Überwachung der Grenzen technische Hilfe leisten. Eine Abordnung französischer Polizeibeamter, die sich im Kampf gegen die Händler und ihre Finanziers auskennen, wird sich in Caracas niederlassen.[2] Zwei Tage später unterzeichnete François Mitterrand in Quito einen Vertrag mit Ecuador, nach dem Frankreich Radargeräte sowie Fernmelde- und hochentwickelte Aufklärungssysteme liefern wird, mit denen die Drogenflugzeuge, die immer häufiger den ecuadorianischen Luftraum benutzen, identifiziert werden können.[3]

Am Freitag, dem 13. Oktober, begibt sich Mitterrand ins von Sprengstoffanschlägen und Autobomben erschütterte Bogotá. Er bietet dem kolumbianischen Präsidenten Virgilio Barco sowohl seine persönliche Hilfe als auch die Unterstützung Frankreichs und der Europäischen Gemeinschaft beim Kreuzzug gegen den Drogenhandel an.

---

1 François Mitterrand, Rede zur Eröffnung des »Arche de la fraternité«, einer Stiftung, die sich der Verteidigung der Menschenrechte annimmt, Paris, 29. August 1989, in *Le Monde* vom 29. August 1989. Anderthalb Monate zuvor hatten die bei ihrem alljährlichen Gipfeltreffen in Paris versammelten Staats- und Regierungschefs der sieben wichtigsten Industrieländer auf Anregung Frankreichs beschlossen, eine Sondergruppe zur Bekämpfung der Wäscherei von Drogengeldern zu schaffen.
2 Vgl. *Le Monde*, v. 12. Oktober 1989.
3 Vgl. *Libération* v. 13. Oktober 1989.

Die »gewaschenen« Drogengelder, die aufgrund genauer Kenntnisse der weltweiten Finanzkreisläufe und fiskalischen Verhältnisse investiert werden, stellen heute ein phantastisches Marktpotential dar, das sich auf eine Summe von 300 bis 500 Milliarden Dollar pro Jahr beläuft; angesehene Experten, darunter der Generalsekretär von Interpol, Kendall, neigen zu der zweiten Ziffer.[1] Diese Summe entspricht den jährlichen Gesamtausgaben des US-Verteidigungsministeriums beziehungsweise den Ausgaben, die alle westlichen Länder zusammen in einem Jahr für den Kauf von Erdöl aufwenden. Das Drogengeld, mitsamt der Gewalt, Erpressung und Korruption in seinem Gefolge, droht die großen westlichen Demokratien zu *vergiften*.

Die amerikanischen Behörden schätzen, daß es in den USA rund 15 Millionen regelmäßige Konsumenten von Kokain gibt. Die gleichen Quellen beziffern die Zahl der Heroinsüchtigen in den USA auf 1,5 Millionen. Und Europa? Was das Kokain angeht, läßt sich keine zuverlässige Zahl nennen, weil der in den letzten drei Jahren explosionsartig gestiegene Absatz alle statistischen Angaben über den Haufen geworfen hat. Der französische interministerielle Ausschuß zur Bekämpfung der Rauschgiftsucht schätzt die Zahl der Heroinsüchtigen in Europa auf über 700 000.

Die Drug Enforcement Administration (DEA) in Washington hat kürzlich für das kolumbianische Kokain eine Berechnung aufgestellt, die das Zustandekommen der riesigen Vermögen erhellt.

Im Frühjahr 1989 wurde das Kilo Kokain (Reinheitsgrad 45 Prozent) in den Straßen von New York zum Preis

---

1 M. Kendall, zitiert in *Économie Magazine*, Paris, November 1989, S. 21.

von 80 000 bis 120 000 Dollar an Konsumenten oder Kleindealer verkauft. Die Paste aus Kokainbase, *pasta* genannt, stammt überwiegend aus Peru und Bolivien und zu einem geringeren Teil aus dem kolumbianischen Amazonasgebiet. Diese Paste wird überwiegend in kolumbianischen Labors zu Kokainhydrochlorat verarbeitet. Für die Herstellung von einem Kilo Paste braucht man Unmassen von Kokablättern. Der Bauer (in Kolumbien, Bolivien oder Peru), der den Kokastrauch anbaut, erhält für die zur Herstellung eines Kilos Paste erforderliche Menge Blätter nur 150 bis 200 Dollar.[1]

Wo werden die astronomischen Profite realisiert? Der Grossist vor Ort, der die Dealer in New York beliefert, kassiert eine Provision von 20 000 bis 40 000 Dollar. Er ist im Endverbraucherland tätig, wo die Überwachung und Strafverfolgung am schärfsten sind und die Strafe, der er sich aussetzt, am härtesten ist. Er geht die größten Risiken ein und wird entsprechend bezahlt.

Der Exportgrossist, der die Droge von Kolumbien (oder Panama, Bolivien, Peru) in die USA befördert, streicht nach Abzug aller Unkosten pro Kilo zwischen 4200 und 6000 Dollar ein. Das Labor schließlich, das die Droge herstellt und an den Exportgrossisten liefert, verkauft das Kilo zu einem Preis zwischen 2000 und 3200 Dollar.

Alle Phasen der Erzeugung, der Weiterverarbeitung und des Vertriebs von Kokain – und alle Phasen der bankmäßigen Rückschleusung des von sämtlichen Beteiligten erzielten Profits – werden im allgemeinen von Baronen kontrolliert, die ein und derselben Organisation angehören. Sie kassieren einen beträchtlichen Profit.

---

1 Nach Schätzungen der DEA erntet Peru jährlich rund 800 000, Bolivien rund 200 000 Tonnen Kokablätter (vgl. *Der Spiegel*, 4. September 1989).

Nach dem oben beschriebenen Ablauf streichen die Paten nach der niedrigsten Schätzung von jedem Kilo der Droge, das in New York verkauft wird, 53 650 Dollar ein. Doch allein in dieser Stadt verkaufen sie Jahr für Jahr Hunderte von Kilos.

Die DEA schätzt, daß jeder der fünf großen Barone des Medellín-Kartells ein Vermögen von mindestens zwei Milliarden Dollar besitzt. Nehmen wir zum Beispiel Pablo Escobar Gaviria. Hätte Escobar sein gesamtes Vermögen in amerikanischen Schatzanweisungen angelegt – herkömmliche Wertpapiere mit geringer Rendite, die keinerlei Risiko enthalten –, so hätte er 1988 einen Nettogewinn von 200 Millionen Dollar realisiert, was dem Erfolg eines Unternehmens wie Thomson entspricht.[1]

Die Schweizerische Eidgenossenschaft ist heute die Hauptdrehscheibe der Drogenmilliarden.

Für ihre »Vorzugsstellung« gibt es mehrere Gründe:

1. Die Reagan-Administration hat acht Jahre lang, von 1981 bis 1988, den weltweiten Kampf gegen Heroin, Kokain, Crack usw. zu einem wesentlichen Ziel ihrer Außen- und Innenpolitik gemacht. Die Finanzmärkte, auf denen das Drogengeld gewöhnlich gewaschen wurde – namentlich Panama, Bermuda, Curaçao und die Cayman-Insel –, wurden nach und nach unter Kontrolle gebracht. Deshalb sind die Paten der großen Organisationen auf die Schweiz ausgewichen.

2. Die Schweiz, zweitwichtigster Geldmarkt und wichtigster Goldmarkt der Welt, besitzt ein alteingeführtes und sehr leistungsfähiges Banksystem, dessen Imperien überall in der Welt Niederlassungen haben. Die Diskretion, die

---

1 Die Untersuchung der DEA über die Bildung des Kokainpreises (und die Schätzung des Vermögens der großen kolumbianischen Barone) erschien in *Libération*, 28. August 1989.

Effizienz, die völlige Amoralität und der Arbeitseifer der eidgenössischen Emire sind sprichwörtlich.

3. Das Bundesgesetz über die Banken und Sparkassen stellt in Artikel 47 ausdrücklich fest:

Art. 47[1]

»1. Wer ein Geheimnis offenbart, das ihm in seiner Eigenschaft als Organ, Angestellter, Beauftragter, Liquidator oder Kommissär einer Bank, als Beobachter der Bankenkommission, als Organ oder Angestellter einer anerkannten Revisionsstelle anvertraut worden ist oder das er in dieser Eigenschaft wahrgenommen hat,

wer zu einer solchen Verletzung des Berufsgeheimnisses zu verleiten sucht, wird mit Gefängnis bis zu sechs Monaten oder mit Buße bis zu 50 000 Franken bestraft.

2. Handelt der Täter fahrlässig, so ist die Strafe Buße bis zu 30 000 Franken.

3. Die Verletzung des Berufsgeheimnisses ist auch nach Beendigung des amtlichen oder dienstlichen Verhältnisses oder der Berufsausübung strafbar.

4. Vorbehalten bleiben die eidgenössischen und kantonalen Bestimmungen über die Zeugnispflicht und über die Auskunftspflicht gegenüber einer Behörde.«

Das Bankgeheimnis ist das oberste Gesetz des Landes. In den Ali-Baba-Höhlen der multinationalen Großbanken

---

1 Fassung gemäß Ziff. I des BG vom 11. März 1971, in Kraft seit 1. Juli 1971 (AS 1971 808; SR 952.001 Art. 1; BBl 1970 I 1144).

von Zürich, Genf, Basel und Lugano verschwindet das Drogengeld für immer; es wechselt seine Identität, ohne die geringste Spur zu hinterlassen; »gewaschen«, »sauber«, respektabel, über jeden Verdacht erhaben, taucht es auf den Immobilienmärkten von Paris oder New York wieder auf; es »arbeitet« an den Börsen von Tokio, London oder Chicago; es erscheint in Gestalt langfristiger Kredite in den Bilanzen ehrbarer New Yorker Unternehmen.

4. Wer in den Vereinigten Staaten mit mehr als 10 000 Dollar in der Hand an einem Bankschalter erscheint, muß die legale Herkunft dieses Betrages nachweisen. Derart kleinliche Vorschriften sind in der Schweiz zum Glück unbekannt! Die Schweiz ist das Land der freien Konvertierbarkeit. Milliardenbeträge von zweifelhaftester Herkunft gelangen ins Land und verlassen es wieder, überqueren (in großen und kleinen Scheinen, als Schecks, in Gestalt von Devisen aus der ganzen Welt usw.) die Grenze, ohne daß jemand die leiseste Frage äußert.

5. Im Unterschied zu allen anderen zivilisierten Staaten kennt die Schweiz – seit Jahrhunderten Hehlerin aller zweifelhaften Gelder der Welt – kein Gesetz, das die Einfuhr, die Ausfuhr, die Wäscherei und die Reinvestition des Drogenkapitals verbietet. Die Zeitschrift *Économie Magazine* stellt nüchtern fest: »Die Schweizer Banken machen sich nichts daraus, die Narco-Dollars zurückzuschleusen. *Business is business.*«[1]

Zur Erklärung sei allerdings hinzugefügt, daß der Bundesrat nach den Skandalen der Jahre 1988 und 1989 und unter dem Druck der Vereinigten Staaten und der Europäischen Gemeinschaft kürzlich dem Parlament einen Ge-

---

1 *Économie Magazine*, zitierte Ausgabe, S. 24.

setzentwurf über das Waschen von Drogengeld vorgelegt hat. Der Gesetzentwurf ist jedoch, wie man sehen wird, so unbestimmt und pauschal, daß er die Agenten des Todes in keiner Weise behindern wird.[1]

---

1 Näheres über diesen Gesetzentwurf und die von ihm ausgelösten parlamentarischen Debatten, siehe S. 93 ff.

2

Der Fall des Hauses Kopp

Der Reiche hat das Gesetz in seiner Geldbörse.
Jean-Jacques Rousseau

27. Oktober 1988: Eine elegante, zierliche Dame von 51 Jahren, begabt mit einer bestechenden Intelligenz, einer ungewöhnlichen Willenskraft und einer sagenhaften Arbeitsfähigkeit, Tochter eines ehemaligen Generaldirektors der Nationalbank, betritt ihr weiträumiges und schmuckloses Arbeitszimmer im ersten Stock des Berner Bundeshauses. Ihr Name: Elisabeth Kopp. Ihre Funktion: Justizministerin der Eidgenossenschaft.

Protestantische Moral verpflichtet: Die Minister der Eidgenossenschaft pflegen, ganz wie die Mehrheit der übrigen Führungskräfte in Industrie- und Bankwesen dieses sonderbaren Landes, in aller Herrgottsfrühe ihr Büro zu betreten, lange vor ihren Untertanen.

An diesem Morgen wird Elisabeth Kopp schon erwartet. Katharina Schoop, ihre persönliche Referentin, berichtet: Der Staatsanwalt des Sopraceneri (Nordregion des Kantons Tessin), Dick Marty, hat in einer internationalen Drogen- und Geldwäschereiaffäre gegen zwei internationale Finanziers libanesischer Herkunft, die Brüder Jean und Barkev Magharian, ein Ermittlungsverfahren eröffnet.[1] In seiner

---

1 Die Justizhoheit (Rechtsprechung, Kriminalpolizei usw.) liegt bei den 26 Mit-

Akte taucht der Name einer Zürcher Finanzgesellschaft auf, der Shakarchi Trading AG. Ihr Inhaber, Mohamed Shakarchi, ist 1939 im nordirakischen Mossul geboren. Der gläubige Sunnit hat lange in Beirut gelebt. Inzwischen ist Zürich seine eigentliche Operationsbasis. Sein Halbbruder besitzt im Tessin eine Goldraffinerie. Weitere Mitglieder des Clans haben sich in Genf niedergelassen.

Die Entscheidung von Dick Marty ist die Krönung einer langwierigen Vorgeschichte, deren wesentliche Ereignisse im folgenden geschildert werden.

Am 21. Februar 1987 stellen Inspektoren der Tessiner Polizei auf einem Parkplatz bei Bellinzona einen plombierten TIR-Lastzug aus der Türkei.

Das Tessiner Polizeikommando weiß offensichtlich, was es finden wird. Es fordert das Begleitpersonal auf, selbst die Plomben zu öffnen, weil Drogentransporte sehr häufig mit einer elektronisch gezündeten Sprengladung versehen sind. In der Karosserie des Lastzugs entdecken die Polizisten 80 Kilo Morphinbase und 20 Kilo reines Heroin.

Die Fracht gehört Haci Mirza, einem türkischen Staatsbürger. Er ist ein massiger Mann in den Fünfzigern, mit graumeliertem Bart und feurigen Augen. Mit seiner linkisch wirkenden Vornehmheit und seinen schweren Lidern erinnert Mirza an einen griechischen Popen. Seit 1979 mit seiner Familie in Zürich ansässig, handelt er offiziell mit Südfrüchten. Daneben ist er Devisen- und Goldhändler. Er hat mit der Shakarchi Trading AG in Geschäftsbeziehungen gestanden.

gliedsstaaten der Eidgenossenschaft. Der Bundesjustizminister (Vorsteher des Eidgenössischen Justiz- und Polizeidepartements) übt lediglich Befugnisse aus, die mit dem Schutz des Bundesstaates (Spionage, Spionageabwehr, Politische Polizei) zusammenhängen und koordiniert die kantonalen Ermittlungen.

Mirza ist ein hervorragender Kunde der Emire. Bei der Schweizerischen Bankgesellschaft verfügt er zum Beispiel über ein Konto von drei Millionen Dollar. Den Untersuchungsbeamten wird er erklären, dieses Konto bestehe aus seinen »persönlichen Ersparnissen«, die er im Früchtehandel erwirtschaftet habe. Zwei führende Zürcher Banker verbringen als seine Gäste ihren Urlaub an den Gestaden des Bosporus.[1]

Der ärgerlicherweise abgefangene Lastzug hat von der Türkei aus den üblichen Weg genommen. In Sofia von korrupten Beamten des bulgarischen Geheimdienstes hochoffiziell plombiert (und mit völlig legalen Papieren ausgestattet), ist er ungehindert in die Schweiz gelangt. Die Ladung, die für eine Bande der italienischen Mafia bestimmt war, sollte in Lugano in Empfang genommen werden. Kurz nach dem Abfangen des Lastwagens baut ein anderes Kommando der Tessiner Polizei, unterstützt von Agenten der amerikanischen DEA, im Hotel »Excelsior« in Lugano eine Falle auf. Haci Mirza und zwei Abgesandte der lombardischen Mafia, Nicola Giuletti und Gaetano Petraglia, werden festgenommen. Bei Giuletti findet man die Telefonnummer von Barkev und Jean Magharian.

Dick Marty hat eines der wichtigsten Netze des internationalen Drogenhandels, das sogenannte »türkisch-libanesische« Netz, zu fassen gekriegt.

Wie kam es dazu, daß der Lastwagen in Bellinzona gestoppt wurde? Ein Agent der amerikanischen DEA hatte es mit geradezu selbstmörderischer Kühnheit geschafft, in das türkisch-libanesische Netz einzudringen. Seine Identität wird man nie in Erfahrung bringen. (In dem Prozeß,

---

1 Vgl. *L'Hebdo*, Lausanne, Nr. 15, Dezember 1988.

der am Montag, dem 10. April 1989 vor dem Geschworenengericht von Bellinzona beginnt, wird der amerikanische Maulwurf nur mit seinem Decknamen erwähnt: der »Blonde Sam«.)

Die Brüder Magharian werden auf Verlangen des Staatsanwalts des Sopraceneri, Dick Marty, am 7. Juli 1988 in Zürich verhaftet. Die Brüder ähneln einander: dichte schwarze Mähne (bei dem einen voller als bei dem anderen), ausdrucksloser Blick, aufgedunsenes Gesicht, schwerfällige Bewegungen. Für Dick Marty gehören die beiden zu den gerissensten, mächtigsten und zynischsten Finanziers des internationalen Drogenhandels. Sie haben früher mit der Shakarchi AG zusammengearbeitet.

Ihre Hausbank ist die Schweizerische Kreditanstalt, die zweitgrößte Bank des Landes. Von März 1985 bis Juli 1988 haben zunächst Barkev Magharian und dann die Firma Magharian Frères de Beyrouth bei der Schweizerischen Kreditanstalt Banknoten im Wert von 1,4 Milliarden Schweizer Franken eingetauscht. Im Untersuchungsbericht der Eidgenössischen Bankenkommission (der Schweizer Bankenaufsicht) heißt es dazu:

»Mehr als ⅔ der aus den Notenlieferungen der Magharians anfallenden Mittel wurden für Vergütungen, rund ⅓ für Edelmetallkäufe der Magharians verwendet. Die Überweisungen an Dritte, hauptsächlich in DM und US$, wurden an über dreihundert verschiedene Banken bzw. Bankstellen im In- und Ausland getätigt, zum größten Teil in die Türkei. Umgekehrt wurden den Konten der Magharians im Giroverkehr Überweisungen von rund siebzig Banken aus dem In- und Ausland, wiederum hauptsächlich in US$ und DM gutgeschrieben. Für die SKA waren die Magrians im Notenhandel sehr bedeutende... professionelle Kunden.«[1]

Weitere 600 Millionen Schweizer Franken werden von den Brüdern Magharian bei anderen Schweizer Banken gewaschen. Beispiel: die Schweizerische Bankgesellschaft, das größte multinationale Bankenimperium der Schweiz. Sie nimmt »nur« 87 Millionen Banknoten entgegen. Aber sie verkauft den Magharians 960 Kilo Gold gegen Barzahlung. Und sie schreibt den Konten, die die Magharians an ihrem Sitz eröffnet haben, 130 Millionen Schweizer Franken gut.

Wie gehen die Brüder Magharian vor? Zwei- oder dreimal wöchentlich tragen sie Koffer, die mit Devisen aus aller Welt, hauptsächlich mit amerikanischen Dollars, gefüllt sind, zur Schweizerischen Kreditanstalt (und zu den anderen Banken). Doch auch türkisch-libanesische Drogenhändler sind keine Hellseher. So kommt es häufig vor, daß die Brüder Magharian von Zulieferern mit Falschgeld bezahlt werden. Aber was macht das schon! Statt, wie es das Gesetz vorschreibt, die Polizei zu benachrichtigen, begnügen sich die vornehmen Direktoren der Schweizerischen Kreditanstalt damit, den Magharians die Blüten zurückzureichen.

Die Brüder Magharian haben weder eine Aufenthaltserlaubnis noch einen festen Wohnsitz in der Schweiz; sie residieren im Hotel. Sie machen sich nicht einmal die Mühe, eine kommerzielle Fassade zu errichten, eine Scheinfirma zu gründen. Schließlich legt die Direktion der Schweizerischen Kreditanstalt ihnen nahe, eine Firma in Beirut aufzumachen (eine zweite soll im Tessin entstehen). Weiteres pi-

---

1 Der Bericht (Bern 1989), erstellt von Daniel Zuberbühler, dem stellvertretenden Leiter des Sekretariats der Eidgenössischen Bankenkommission, wurde dem Bundesrat übergeben.

kantes Detail: Die Direktion der Schweizerischen Kredit-
anstalt setzt sich bei den Botschaften der Schweiz im Ausland dafür ein, dem Transportpersonal der Magharians die
Reiseformalitäten zu erleichtern. Beispiel: In einem Fern-
schreiben vom 7. September 1987 weist die Schweizerische
Kreditanstalt über ihr *Middle East-Department* die
Schweizer Botschaft in Sofia darauf hin, daß Walid Abdul-
Raman Alayli für die Brüder Magharian arbeitet, und sie
empfiehlt einen weiteren »Angestellten« der Magharians,
Issam Mukhtar Kaissi, einen vierundzwanzigjährigen Li-
banesen.[1] Der Botschafter stellt prompt die Visa aus.

Von den Ermittlern der Eidgenössischen Bankenkommission befragt, erwidern die Direktoren der Schweizerischen Kreditanstalt in Zürich, sie hätten bei ihren Erkundi-
gungen nach der Ehrbarkeit der Brüder Magharian nichts
Nachteiliges erfahren; diese hätten lediglich erklärt, sie
seien im Devisenhandel zwischen der Türkei, Bulgarien
und der Schweiz tätig.

Die Nummernkonten der Brüder Magharian bei der
Schweizerischen Kreditanstalt und bei der Schweizerischen Bankgesellschaft dienen nur als Durchgangsstatio-
nen. Dank den Philantropen vom Paradeplatz[2] wechselt
das Geld des Todes ohne Schwierigkeiten seine Identität.
Die astronomischen Summen, die auf den Nummernkonten der Brüder Magharian eingehen, wandern fast unverzüglich in andere Weltgegenden. Mit diesem nunmehr
»sauberen« Geld kaufen die Magharians Gold und verschiedene Wertpapiere, die wiederum den Weg nach Istanbul oder Beirut nehmen.

Während ich diese Zeilen schreibe, tobt die gerichtliche

---

1 Vgl. *Tribune de Genève*, 3. März 1989.
2 Die Zürcher Ortsbezeichnungen stecken voller unfreiwilliger Ironie: die Fassaden der drei größten Banken gehen auf den Paradeplatz hinaus.

Auseinandersetzung: die Hauptakteure des Skandals verteidigen sich mit Klauen und Zähnen, greifen Journalisten und das Fernsehen an, beteuern lauthals ihre Unschuld oder berufen sich auf eine geradezu rührende Unwissenheit. 20. November 1989: Die Shakarchi Trading AG verlangt von den drei Schweizer Fernsehprogrammen die bescheidene Summe von vier Millionen Schweizer Franken an Schadenersatz.

Am 26. März 1990 – mit über zweijähriger Verspätung! – erwacht die Zürcher Justiz. Hans Baumgartner, Staatsanwalt des Kantons Zürich, eröffnet gegen die Shakarchi Trading eine Strafuntersuchung. Der Presse teilt er mit, die Gesellschaft stehe im dringenden Verdacht, den Rauschgifthandel finanziert zu haben.

Zur Klarstellung der Rechtslage: Das Waschen der Todesprofite durch Banken, Finanzgesellschaften und sonstige Institutionen war zum Tatzeitpunkt nicht strafbar. Die Schweizerische Kreditanstalt, die Schweizerische Bankgesellschaft und die übrigen Wäschereien der Magharians haben sich somit keines Delikts schuldig gemacht. Darüber hinaus beteuern sie ihre Gutgläubigkeit. Im übrigen wurde nur für einen Teil der astronomischen Summen, die die Magharians bei der Schweizerischen Kreditanstalt, bei der Schweizerischen Bankgesellschaft und den anderen Banken gewaschen haben, gerichtlich festgestellt, daß sie aus dem Drogenhandel stammen.

Ich zitiere die Eidgenössische Bankenkommission:

»Daraus geht insbesondere hervor, daß die Gebrüder Magharian bewiesenermaßen im Verlaufe des Jahres 1986 von Kurieren eines armenischen Mittelsmannes insgesamt *36 Mio. US $* Noten verschiedener Größe aus den USA in Zürich in Empfang genommen haben, welche *aus dem Kokainhandel* einer kolumbianischen Bande stammten. Diese Gelder wurden von den Magharians auf ihre Konten bei der SKA und der SBG einbezahlt und von dort sofort größtenteils an Banken in Panama überwiesen. Dieser Transport von Drogengeldern kam zum Erliegen, als die Polizei im Flughafen von Los Angeles am 27. November 1986 drei für die Magharians bestimmte Koffer entdeckte, wegen Bombenverdachts sprengte und darin über 2 Mio. US$ vorfand. Die Magharians behaupten, erst nach diesem Vorfall von ihrem Mittelsmann erfahren zu haben, daß es sich um Drogengelder handelte.«[1]

Haci Mirza verbüßt gegenwärtig im Gefängnis La Stampa bei Lugano eine Haftstraße von siebzehn Jahren. Außer ihm sitzen die türkischen Fahrer und seine Komplizen von der italienischen Mafia ein.

Gegen keine der Schweizer Banken, die mit den Magharians liiert waren, läuft gegenwärtig eine gerichtliche Untersuchung. Schon in Zusammenhang mit einer anderen Affäre des internationalen Drogenhandels war der Name Shakarchi AG gefallen: bei der »Pizza Connection«. November 1989: Eine parlamentarische Untersuchungskommission deckt auf, daß Mahmoud Shakarchi, der Vater von Mohamed, im September 1972 beim Schweizerischen Bankverein Bündel von Banknoten einzahlte, die aus dem Lösegeld stammen, das nach einer Flugzeugentführung an eine nahöstliche Terroristengruppe gezahlt wurde. August 1979: Die Behörden erfahren, daß Mohamed Shakarchi bei einer ausländischen Bank eine bedeutende Summe in Banknoten eingezahlt hat, die aus dem Lösegeld stammen, das nach einer Entführung gezahlt wurde. Es steht fest, daß Herr Shakarchi junior den Namen, die Identität der Personen

---

1 Bericht der Eidgenössischen Bankenkommission 1989, vgl. S. 33.

kannte, die ihm dieses Geld übergeben hatten. Die Parlamentarische Untersuchungskommission widmet allein der Shakarchi AG zehn Seiten ihres Berichts. Die Firma verfügt über eine beachtliche Leistungsfähigkeit: An manchen Tagen beläuft sich ihr Umsatz auf 25 bis 100 Millionen Dollar.[1]

Die Shakarchi Trading AG erfreut sich seit Jahren ganz erstaunlicher Vergünstigungen. Die Parlamentarische Untersuchungskommission weist darauf hin, daß die Kuriere der Shakarchi AG Sondergenehmigungen besitzen, die ihnen auf dem interkontinentalen Flughafen Zürich-Kloten unmittelbaren Zugang zum Transitbereich gewähren und ihnen auch ein Zollprivileg zusichern: Ihre Lastwagen parken direkt neben dem Flugzeug und werden vom Zoll nicht kontrolliert. Dank dem bereitwilligen Entgegenkommen der Flughafenpolizei umgehen diese Kuriere tagaus, tagein die überflüssigen Schikanen des Zolls und der Grenzpolizei.

Eine weitere erstaunliche Tatsache: Im September 1988 beantragt Jacques-André Kaeslin, Drogenfahnder bei der Schweizer Bundesanwaltschaft, bei seinem Vorgesetzten, Adrian Bieri, Sohn von Walter Bieri (siehe Seite 69), die Genehmigung zur Eröffnung eines gerichtlichen Ermittlungsverfahrens gegen die Shakarchi AG. Sie wird ihm versagt. Kaeslin, der über Indizien, Dokumente und Beweismittel verfügt, die ihm vollkommen ausreichend erscheinen, versucht es erneut. Diesmal lehnt Rudolf Wyss, Bieris Vorgesetzter, ab. Kaeslin wendet sich schließlich an Bundesanwalt Gerber. Dieser lehnt nicht nur ab, sondern erteilt Kaeslin einen Verweis.[2] Dieser Verweis zerstört eindeutig seine Karriere.

------

1 Catherine Duttweiler, *Kopp & Kopp. Aufstieg und Fall der ersten Bundesrätin*, Zürich: Weltwoche-ABC-Verlag 1989, S. 170.
2 Bericht der Parlamentarischen Untersuchungskommission (PUK) vom 22. November 1989, Bern 1989, S. 91 f

Bei den Brüdern Magharian liegt die Sache völlig anders. Mag auch das vorsätzliche Waschen des Drogengeldes bis ins Jahr 1990 hinein nicht strafbar sein, so fällt doch der Finanzier, der das gewaschene Geld wieder in den Kreislauf des Drogenhandels zurückführt, um Drogen zu kaufen, zu transportieren, zu verarbeiten und zu vertreiben, unter das Betäubungsmittelgesetz. Dies trifft, so die Anklage, bei den Magharians auf die Summe zu, die sie bei der Schweizerischen Kreditanstalt gewaschen und auf ihre Konten in Panama umgeleitet haben. Die Magharians werden außerdem im Zusammenhang mit einer undurchsichtigen Betrugsaffäre beschuldigt.

Doch einstweilen sind weder Barkev noch Jean Magharian verurteilt: Sie sitzen in Haft und warten auf ihren Prozeß, der theoretisch am 18. Juni 1990 beginnen soll.

Die rechtliche Situation der Brüder Jean und Barkev Magharian ist in der Tat verwickelt. Am 7. Juli 1988 per Haftbefehl des Staatsanwalts des Sopraceneri in einem großen Zürcher Hotel festgenommen, wurden sie ins Tessin überstellt und in das dortige Kantonsgefängnis eingeliefert. Ihre Haft ist zweimal verlängert worden. Am 27. Oktober 1989 entscheidet der Kassationshof des Bundesgerichts über eine Haftbeschwerde der Magharians, in der sie vorbringen, daß die ihnen zur Last gelegten Finanzoperationen nach schweizerischem Gesetz nicht strafbar seien. Das Bundesgericht verwirft die Beschwerde.

In den Vereinigten Staaten werden die Brüder Magharian wegen Kokainhandels verfolgt (ein New Yorker Richter hatte am 10. März 1989 einen Haftbefehl gegen sie erlassen). Auch wenn das Bemühen des Staatsanwalts des Sopraceneri, die Brüder Magharian verurteilen zu lassen, scheitern sollte, wären sie deshalb noch nicht frei: Da das (Schweizer) Bundesamt für das Polizeiwesen mitgeteilt hat, daß es das New Yorker Verfahren als rechtsgültig anerkennt, würden die Brüder bis zum Vorliegen des amerikanischen Auslieferungsersuchens in vorläufige Auslieferungshaft genommen.[1]

Dick Marty, der seit diesen Vorgängen als Staatsanwalt des Sopraceneri zurückgetreten und aus dem Justizdienst ausgeschieden ist, weiß, daß er das türkisch-libanesische Netz allenfalls angekratzt hat. Trotz seiner großartigen Leistung – und der seiner couragierten Mitarbeiter – konnte über einige wichtige Personen nichts herausgebracht werden. Enttäuscht stellt er fest: »Je größer ein Gangster, desto größer seine Chancen, in der Schweiz unbehelligt zu bleiben. Gegen das organisierte Verbrechen sind wir weder geistig noch technisch gewappnet.«[2]

Bundeshaus, 27. Oktober 1988, 8 Uhr morgens: Elisabeth Kopp, versierte Juristin und liebende Gattin, lauscht dem Bericht ihrer persönlichen Referentin Katharina Schoop und erblaßt. 8.20 Uhr: Elisabeth greift zum Telefonhörer und ruft ihren Mann an, Anwalt in der Kurhausstraße 28 in Zürich: Hans W. Kopp, Gatte der Ministerin und Wirtschaftsanwalt von internationalem Ruf, ist Vizepräsident der Shakarchi AG. Sie rät ihm, unverzüglich von seinem Posten zurückzutreten.

Das tut er noch selbigen Tages.

Hans W. Kopp ist keine alltägliche Erscheinung. Ich habe mit ihm die Bank der juristischen Fakultät gedrückt, und seit langem fasziniert mich dieser undurchsichtige, scharfsinnige Mensch mit seinen glänzenden Gaben. Eine nächtliche Welt tut sich in ihm auf. Ungewöhnliche, verworrene und verzehrende Leidenschaften treiben ihn um.

---

1 Vgl. die Erklärungen von Jörg Kistler, Pressesprecher des Bundesamtes für Polizeiwesen, in *Journal de Genève*, 4./5. November 1989.
2 Dick Marty in der Zeitung *24 Heures*, Lausanne, 6. März 1989.

Heute ist er in den Fünfzigern. Er ist groß, massig, hat einen Bauchansatz und eine ausgeprägte Glatze. Manchmal blitzt unter schweren Lidern der Blick eines Raubvogels hervor. Doch gewöhnlich gebietet Hans Kopp meisterlich über das Lächeln eines Charmeurs. Er kann wirklich Menschen für sich einnehmen. Ob er anziehend ist? Vielleicht dann und wann, wenn er seine außergewöhnliche Intelligenz sprühen läßt. Seine Frau Elisabeth, die mit uns die Universität besuchte, ist das genaue Gegenteil von ihm: klein, zart, mit einem Gesicht, in dem die ständige, strenge Selbstbeherrschung geschrieben steht. Hans W. ist heißblütig, brodelnd wie ein Vulkan, Elisabeth kalt wie ein Eisberg.[1]

Die Laufbahn dieses Mannes ist erstaunlich: hervorgegangen aus dem Luzerner Mittelstand[2], als Student außerordentlich begabt, arbeitsam und ehrgeizig, wird er ein brillanter junger Wirtschaftsanwalt in Zürich. (Er hat noch einen Bruder: Dieser ist heute Generaldirektor der Schweizerischen Kreditanstalt.) Dank seiner scharfen Intelligenz, seiner Vitalität und Risikofreudigkeit gelangt er schnell zu Reichtum und Macht. Als Oberst im Generalstab leitete er von 1980 bis 1988 die Sektion »psychologische Abwehr«.

Im prüden Zürich trägt er eine fröhliche Ungezwungenheit zur Schau. Er ist ein geborener Provokateur. Zwischen den

---

1 Das Ehepaar Elisabeth und Hans Kopp ist weiterhin stark. Die beiden flößen Furcht ein. Hans W. Kopp hat nach Bekanntwerden des Skandals etliche Journalisten, Fernsehproduzenten usw. verklagt. Nur Presseunternehmen, die über finanzielle Mittel und ebenfalls starke Anwälte verfügen, wagen alles über die beiden zu sagen. Siehe z. B. Catherine Duttweiler, *Kopp & Kopp, a. a. O.*
2 Sein Vater war der hochgeachtete Stadtpräsident (Bürgermeister) von Luzern.

Emiren, diesen Großbürgern, die vor Heuchelei triefen, sich vor dem Gerede der Leute fürchten, ihre (ungeheuren) Reichtümer verbergen, auf traurige Weise altern und sich durch Konformismus das Leben verderben, wirkt Kopp wie ein Kondottiere. Er betreibt Transparenz.

Das Schreckgespenst der multinationalen Großbanken, aber auch der Privatbanken, der Treuhänder, der Vermögensverwalter – das sind die Polizisten, die ausländischen Zollbeamten und die Agenten der amerikanischen Drogenfahndungsbehörde DEA. Als harmlose Touristen verkleidet, streifen diese ausländischen Beamten häufig um die Banken herum und versuchen, die dort ein- und ausgehenden Kunden zu fotografieren. Deshalb besitzen die Bankentempel riesige Tiefgaragen. Ein Agent des Todes oder sein Abgesandter, der, wie es sich gehört, durch eine verschlüsselte Nachricht angekündigt ist, wird beim Verlassen des Flugzeugs in Empfang genommen. In einem schwarzen Mercedes mit zugezogenen Vorhängen gelangt er ins Untergeschoß und von dort in die Direktionsetage. Auf dem gleichen Weg geht es dann zurück. In der Kanzlei von Rechtsanwalt Kopp macht man dagegen aus den Besuchern kein Geheimnis.

Als Feinschmecker und Genießer geht Hans Kopp auch gern zu Diners und prunkvollen Festen. Als Gelegenheitsdichter hat er 1975 und 1976 zwei Gedichtsammlungen mit dem Titel *Ein Mann geht durch den Regen* und *Die Schöpfung* veröffentlicht.

Kopp ist Vizepräsident der Shakarchi Trading AG.

Vieles, was die Emire und ihre Komplizen täglich mit einer verschämten und beklommenen Heimlichkeit tun, tut Kopp offen und gleichsam aus Lust an der Provokation. Wenn die Emire ein honigsüßes Lächeln aufsetzen, läßt Kopp sein schallendes Gelächter ertönen.

In einer frostigen, sittenstrengen Stadt, in der die Lüge regiert und die gespielte Bescheidenheit ein gesellschaftlicher Zwang ist – lesen Sie den Roman *Mars*[1] von Fritz Zorn! –, feiert Hans W. Kopp öffentlich die erste Million, die er im Schweiße seines Angesichts erworben hat.

Ich empfinde für den Studiengefährten eine gewisse Achtung: Wenigstens er lebt offen die schweizerischen Träume von Macht und grenzenlosem Reichtum aus, die zu verbergen sich Generationen von Emiren abgeplagt haben.

Manchmal geht etwas schief. Zum Beispiel mit der *Trans K-B*. Die Gesellschaft, 1979 von Hans W. Kopp und J. Ernst, einem kleinen Emir, gegründet, ist auf hochriskante Investitionen spezialisiert. Sie nimmt die Einlagen von kleinen und mittleren Sparern entgegen, denen sie phantastische Dividenden und Zinsgewinne verspricht. Drei Jahre läuft das Geschäft. 1982 nimmt das Abenteuer ein plötzliches Ende: die Trans K-B bricht zusammen, sie ist pleite. Sie hinterläßt Buchschulden von 12 Millionen Schweizer Franken. Innerhalb von drei Jahren hatte die Trans K-B mehr als 40 Millionen Schweizer Franken an individuellen und kollektiven Einlagen an sich gezogen. So die Vorwürfe der Zürcher Justizbehörden. Als einsatzfreudiger Präsident des Verwaltungsrats der Trans K-B nimmt Kopp das Desaster, dessen er angeklagt ist, in würdiger Haltung auf sich. Er bedauert nichts, versteckt sich nicht vor der Presse, vor den Richtern, berichtet genüßlich von seinen Abenteuern als ein vom Pech verfolgter Kapitän, beschuldigt das stürmische Meer und verspricht die Rückzahlung. Der Abenteurer liebt das Abenteuer. Daß es bei der Trans K-B schlecht ausgegangen ist, nun, dieses Risiko mußte man eingehen. Am 9. Juli 1989 leitet der Zürcher Untersuchungsrichter Albert Ochsenbein die Akte an die

---

1 München: Kindler 1979; auch als Fischer-Taschenbuch.

Staatsanwaltschaft weiter, die am 7. Dezember Kopp und Ernst wegen Betruges und Falschbeurkundung anklagt.

Der Umgang mit Geld hat in der Schweiz etwas Sakramentales. Geld aufbewahren, Geld entgegennehmen, gleichgültig, woher es auch kommen mag, Geld zählen, Geld horten, mit Geld spekulieren, Geld hehlen – diese Tätigkeiten sind seit der Zeit der »ersten Flucht« [1] von einer quasi ontologischen Erhabenheit. Kein Wort darf eine so noble Betätigung entweihen. Sie wird voller Andacht, in der Stille vollzogen. [2]

Der rettende Hinweis, den Elisabeth Kopp ihrem Mann gab, hatte geheim bleiben sollen. Natürlich, man munkelt etwas. Doch die bewundernswerte eidgenössische Tugend des bleiernen Schweigens, die Fähigkeit, etwas, das der öffentlichen Lüge abträglich sein könnte, zu verschweigen, schützt die Ministerin. Anfang Dezember wählt die konservative Mehrheit der Vereinigten Bundesversammlung, blind und taub, Elisabeth zur Vizepräsidentin des Bundesrats. [3]

---

1 Bei der »ersten Flucht« zogen sich begüterte Bürger aus Frankreich, der Lombardei und den Niederlanden, die sich kurz zuvor zum Protestantismus bekehrt hatten und in der ersten Hälfte des 16. Jahrhunderts religiöser Verfolgung ausgesetzt waren, nach Genf zurück. Zur »zweiten Flucht« kam es nach der Aufhebung des Edikts von Nantes (über die konfessionelle Toleranz) durch Ludwig XIV. im Jahre 1685: erneut zog ein Strom von begüterten Protestanten, überwiegend aus Frankreich, nach Genf.
2 Der sakrale Charakter der Bankentätigkeit kommt in der Architektur der schweizerischen Banken auf bewundernswerte Weise zum Ausdruck: Die großen Geschäftsbanken bevorzugen prunkvolle, von Marmorsäulen umgebene Tempel, die Privatbanken und Vermögensverwaltungen kleine, unauffällige Kapellen mit dunkel getäfelten Wänden.
3 In der Schweiz wird die höchste Exekutivgewalt von den sieben Bundesräten ausgeübt. Es gibt weder einen Staatschef noch einen auf längere Zeit bestellten Präsidenten der Republik; die sieben Räte werden der Reihe nach erst Vizepräsident und dann Präsident des Bundesrats. Präsident und Vizepräsident der Eidgenossenschaft werden alljährlich im Dezember neu gewählt.

Der Wahltriumph, den sie an diesem Mittwochmorgen im Dezember einheimst, findet seine Fortsetzung in einem Bankett im Berner Luxushotel »Schweizer Hof«. Vor ihren begeisterten Anhängern – alles, was in der schweizerischen Finanz, Wirtschaft und Politik (auf der Rechten) Rang und Namen hat – hält Elisabeth eine bewegende Rede, in der sie herausstreicht, daß sie bis zur Erschöpfung dafür kämpft, die Legalität vor den subversiven Umtrieben der linken Organisationen zu schützen.

Doch zur gleichen Zeit wächst bei den amerikanischen Geheimdiensten und beim Washingtoner Justizministerium der Zorn. Die Amerikaner sind ungehalten darüber, daß die Bankiers so vielen Bossen des Drogenhandels Schutz gewähren.

Das eidgenössische Emirat wird – wie eine beliebige karibische Bananenrepublik – rund um die Uhr von den amerikanischen Geheimdiensten abgehört, die tagtäglich mit unbekümmertem Zynismus die Souveränität der Schweiz verletzen. Aber so, wie die Geschäftsbeziehungen zwischen dem großen Bruder und seinem starrsinnigen Konkurrenten nun einmal liegen, wird niemand im Laufe der Jahre den Mut aufbringen, wirklich dagegen zu protestieren.

Rund 70 000 Spezialisten arbeiten in allen Weltgegenden für die National Security Agency (NSA). Sie hat den Auftrag, den Nachrichtenverkehr von Feind und Freund abzuhören. Einige Dutzend Agenten befassen sich ständig mit der Schweiz: Kein Funksignal, kein Telefongespräch entgeht ihnen. Ihre Supercomputer sind darauf programmiert, alle Gespräche, in denen ein bestimmtes Code-Wort vorkommt, aufzufangen, zu sortieren und in Klartext zu übersetzen. Beispiel: Der Computer sucht nach dem Wort *stuff*, mit dem die Dealer in ihrem Slang das Heroin bezeichnen. Alle Gespräche, in denen dieses Wort vorkommt, werden unverzüglich aufgezeichnet, geordnet und ausgeschrieben. Für die NSA ist es dann ein Kinderspiel, jene Gespräche zusammenzustellen, in denen die Wörter »Shakarchi«, »Schweizerische Kreditanstalt«, »Kopp« usw. enthalten sind.

Zur Überwachung des Fernmeldeverkehrs der Ämter, des Militärs, der Banken und der Privatleute in der Schweiz unterhält die NSA ringsherum vier Stützpunkte: in Westdeutschland ist die NSA auf dem Gelände des Luftwaffenstützpunktes Ramstein untergebracht. Die Ostschweiz wird von den Abhörstationen auf dem Stützpunkt Augsburg und auf einer kleineren Basis in der Nähe der österreichischen Grenze, Bad Aibling, abgedeckt. Die Südschweiz, die Zentralschweiz und die französische Schweiz werden von der italienischen Basis Sorico aus »abgehört‹, die einige Kilometer südlich der Tessiner Grenze liegt.

Doch die NSA belauscht nicht nur die telefonischen und telegrafischen Orts- und Fernverbindungen. Sie überwacht auch die Dienst- und Privatgespräche, die von höheren schweizerischen Amtspersonen in ihren Büros im Bundeshaus geführt werden. Direkt neben dem Bundesjustizministerium erhebt sich die elegante Silhouette der Residenz des amerikanischen Botschafters. Dort arbeiten Spezialisten der NSA mit ultraempfindlichen sogenannten *long range*-Mikrofonen, mit denen sie im Umkreis von mehreren Kilometern alle Gespräche auffangen können, selbst wenn sie mit gesenkter Stimme in geschlossenen Räumen geführt werden.

Diese umfassende amerikanische Überwachung der schweizerischen Telefongespräche stellt eine Ironie dar, wenn man bedenkt, daß die Schweizerische Eidgenossenschaft ihrerseits große Sorgfalt darauf verwendet, das Post- und Telefongeheimnis ihrer Bürger zu schützen. Anders als in den meisten übrigen europäischen Ländern ist d[...] Anzapfen des Telefons durch die Behörden sehr restik[...] geregelt und wird nur selten praktiziert. 1988 hat die [...] desanwaltschaft aufgrund kriminalpolizeilicher E[...] lungen nur 44 Überwachungsmaßnahmen angeordn[...]

1. Januar 1988 unterlagen ganze 58 Personen der Telefonüberwachung. Und im Laufe des Jahres sind 46 dieser Maßnahmen aufgehoben worden. Die zuständigen Behörden auf Kantonsebene – Untersuchungsrichter, Staatsanwälte usw. – haben im Laufe des Jahres 1988 397 Abhörmaßnahmen beantragt. Am 1. Januar 1989 wurden nur 69 Telefonanschlüsse tatsächlich abgehört. Ebenfalls 1988 wurden fünf Überwachungsmaßnahmen aufgrund militärischer Untersuchungen angeordnet.[1]

An einem kalten Wintermorgen des Jahres 1988 findet der amtierende Präsident der Eidgenossenschaft auf seinem Schreibtisch die Transkription des schicksalhaften Anrufs vom 27. Oktober.[2]

Am Freitag, dem 9. Dezember, tritt die Regierung zu einer Geheimsitzung zusammen. Elisabeth Kopp, mit der Transkription konfrontiert, leugnet zunächst, verwickelt sich dann in Widersprüche und gesteht schließlich. Anderntags verläßt sie Bern und sucht Zuflucht im heimatlichen Zumikon am Ufer des Zürichsees. Montags darauf gibt sie dem liebevollen Drängen ihrer politischen »Freunde« nach und tritt zurück.

---

1 Die Überwachung eines Anschlusses kann in der Schweiz von elf verschiedenen Bundes- und Kantonsinstanzen beantragt werden (Zoll, Bundesanwaltschaft, Kantonsanwaltschaften, Spionageabwehr, Untersuchungsrichter der Kantone usw.). Da für die Schweizer Post die Eidgenossenschaft zuständig ist, kann nur diese die Überwachung anordnen (Zahlenangaben des Eidgenössischen-Justiz- und Polizeidepartements, in der Antwort vom 30. August 1989 auf die schriftliche Anfrage eines Nationalrats).

2 Der Präsident der Eidgenossenschaft und seine Kollegen vom Bundesrat wahren über diesen Punkt absolutes Stillschweigen. Die von der Parlamentarischen Untersuchungskommission verlangte Herausgabe des Protokolls der Sitzung vom 9. Dezember lehnte der Bundesrat kategorisch ab. Dem Einspruch der Kommission folgte eine erneute Ablehnung. Schließlich erhielten die Kommissionsmitglieder eine Zusammenfassung, in der das Problem des Abhörprotokolls mit Stillschweigen übergangen wird.

In der Schweiz ist die Presse frei; manchmal auch mutig. Die amerikanischen Geheimdienste, erbost über die extreme Laxheit, mit der die Schweizer Behörden gegen Drogen- und Waffenhändler sowie gegen Gelder krimineller Herkunft vorgehen, beschließen, die örtliche Presse mit geschickt dosierten Enthüllungen zu füttern.

Der Bundesrat, zusehends besorgt angesicht der Gefahr, daß er seine internationale Glaubwürdigkeit einbüßen könnte, beruft einen besonderen Vertreter des Bundesanwaltes. Der Mann gilt als unbestechlich, amtiert als Staatsanwalt in Basel und heißt Hans Hungerbühler.

Elisabeth Kopp hatte ihr Ministerium vier Jahre lang mit unbestreitbarer administrativer und juristischer Sachkenntnis geleitet. Wie der Papst im Vatikan hat sie von jedem ihrer 1491 Beamten eine unverbrüchliche persönliche Loyalität verlangt. Ihr Ministerium ist eine Festung.

Hungerbühler und seine Mitarbeiter machen sich an die Arbeit. Kaum haben sie ihre Untersuchungen aufgenommen, stoßen sie auf eine neue Überraschung: Der Staatsanwalt entdeckt auf einem Gesetzentwurf handschriftliche Korrekturen, Zusätze und Anregungen von Hans W. Kopp![1] Demnach wäre das Datenschutzgesetz von dem überlegenen Gatten korrigiert worden, bevor es der Regierung und dann dem Parlament vorgelegt wurde. Wenn man die beruflichen Aktivitäten und den persönlichen Umgang des Gatten bedenkt, hinterläßt dieser Eingriff in den Gesetzgebungsprozeß einen üblen Eindruck – und er rückt die Rechtmäßigkeit zahlreicher Gesetze und Verordnungen aus den letzten vier Jahren in ein schiefes Licht.

Der Rücktritt von Elisabeth Kopp soll zum 31. März 1989 wirksam werden. Am 12. Januar legt Hungerbühler

---

1 So jedenfalls Parlamentarische Untersuchungskommission, a. a. O., S. 72

einen Zwischenbericht seiner Untersuchungen vor. Noch am selben Tag bittet die Regierung Frau Kopp, ihr Büro nicht mehr zu betreten und sich unverzüglich nach Hause zu begeben. Doch zur Beruhigung empfindsamer Gemüter: Elisabeth Kopp behält ihren Diplomatenpaß und bekommt auch ihre Pension, die sich auf die bescheidene Summe von umgerechnet 160 000 DM jährlich beläuft. Wie alle ehemaligen Bundesräte und ihre Ehegatten werden auch Elisabeth und ihr Mann auf allen Linien der Swissair gratis und Erster Klasse fliegen können und niemals eine Postrechnung (Telex, Fax, Telefon) bezahlen müssen. Elisabeth Kopp verbringt übrigens noch zwei Nächte und einen Tag in ihrem Ministerium, was bei den Ermittlungsbeamten größte Beunruhigung erregt.

Montag, 27. Februar 1989: Die beiden Kammern der Bundesversammlung treten unter der hohen Glaskuppel des Bundeshauses zu ihrer Frühjahrssitzung zusammen. Der Nationalrat hebt einstimmig die Immunität der Bundesrätin auf und überantwortet sie der Strafjustiz.

Das ärgerliche an der Wahrheit ist, daß sie, einmal geweckt, nicht mehr einschlafen mag. Dort, wo bislang Geheimhaltung herrschte, folgt dann, tosend wie ein Gebirgsbach im Frühling, eine Enthüllung der anderen.

Der Bundesrat muß eine weitere Untersuchung anordnen. Sie wird Alt-Bundesgerichtspräsident Arthur Haefliger übertragen, der nunmehr sämtliche Praktiken aller Dienststellen des Justizministeriums durchleuchten soll.

In den Archiven der Bundesanwaltschaft entdeckt er Rechtshilfeersuchen, Fahnungsbefehle, Haftbefehle, ausgestellt von Interpol, dem amerikanischen FBI, der italienischen, amerikanischen und türkischen Justiz, gegen einige der meistgesuchten Drogen- und Waffenhändler der Welt. Die meisten dieser ehrenwerten Personen leben seit Jahren unter ihrem richtigen Namen (seltener unter einem Decknamen) in Prunkvillen am Ufer des Zürichsees oder an den freundlichen Gestaden des Genfer Sees. Als ausgezeichnete Kunden der Schweizer Großbanken erfreuen sie sich allgemeiner Wertschätzung und häufig einer tatkräftigen Protektion.

Einige Beispiele:
Yasar Musullulu ist ein gepflegter Mann in den Fünfzigern, von mittlerer Statur, Schnurrbartträger und Genießer. Sein breites Gesicht mit der hervorspringenden Nase strahlt Brutalität, Intelligenz und Kraft aus. Sein Lächeln wirkt einnehmend. Er hat die angenehmen Umgangsformen eines Mannes von Welt. Seine Leidenschaft sind die Bauchtänzerinnen. In Villen und Luxushotels überall in der Schweiz veranstaltet Musullulu für seine zahlreichen – türkischen, libanesischen und schweizerischen – Freunde regelmäßig gemütliche Abende in Gesellschaft dieser sinnlichen und großzügigen Damen aus dem Orient. Musullulu ist Türke. Er ist, nach Polizeiquellen, einer der meistgesuchten Verbrecher Europas. Seine Spezialitäten: Heroin, Waffenhandel.

Viele Jahre lang lebt Musullulu vollkommen legal, allseits geehrt, geschützt von seinen Leibwächtern und einem ausgefuchsten elektronischen Überwachungssystem, in seiner schönen Villa auf den Hügeln von Zürich. Man wird sich erinnern, daß sich Musullulu lange Zeit problemlos in Zürich aufgehalten hat. Musullulu unterhält langjährige, vertrauensvolle und fruchtbare Beziehungen zu den Emiren am Paradeplatz.

Doch das FBI, die amerikanische Drogenfahndungsbehörde DEA sowie die türkische und die italienische Justiz sind Musullulu auf den Fersen. Im Juni 1983 landet auf dem Tisch des schweizerischen Bundesanwalts ein Fahndungsbefehl. Was tut der Bundesanwalt? Später wird man auf diesem Befehl den Vermerk entdecken: »Nicht verhaften«.

Im Frühjahr 1984 prangert die New Yorker Presse – immer diese Amerikaner! – den Skandal an, enthüllt den Stammbaum des friedfertigen Geschäftsmannes von Zürich.

Musullulu verschwindet. Interpol sucht ihn noch immer.

Irfan Mustapha Parlak ist Türke, von kräftiger Statur, untersetzt, Schnurrbartträger und gerissen. Er ist 43 Jahre alt, ein Geschäftsfreund von Musullulu, spricht nur türkisch und schwärmt wie sein Freund für Bauchtänzerinnen. Am 23. Juni 1983 wird er von der österreichischen Polizei verhaftet. Nun ist Parlak zugleich ein Geschäftsfreund von Bekir Celenk, eines notorischen Drogenhändlers, dessen Unternehmen (das er benutzt, um seine Verbindungen zu decken) sich in der Schweiz, in Biel, befindet. Die Schweizer fordern die Auslieferung Parlaks. Die Österreicher liefern ihnen den Häftling aus. Kaum hat er die Grenze überschritten, verschwindet Parlak spurlos von der Bildfläche.

Auch *Yasar Kisacik* führt in der Schweiz ein sorgloses Leben. Der Mann ist ein geschätzter Heroinlieferant der sizilianischen Mafia. Die italienische Justiz möchte ihn haben und verlangt seine Auslieferung. Von den Schweizer Behörden festgenommen, wird er nach kurzer Zeit freigelassen, noch bevor das Bundesgericht als höchste Instanz über seine Auslieferung entschieden hat. Auch Kisacik verschwindet.

Andere türkische Paten mit Wohnsitz im eidgenössischen Emirat haben, leider, nicht ganz so viel Glück (oder sie genießen eine nicht so tatkräftige Protektion) wie ihre oben erwähnten Kollegen.

Haci Mirza lebte seit 1979 friedlich in seiner Zürcher Villa. Er erfreute sich ausgezeichneter Bankverbindungen und einer ordnungsgemäßen Aufenthaltsgenehmigung. Die iranische Regierung soll ihm die Morphinbase geliefert haben, die er im Libanon verarbeiten ließ, um sie anschließend in Europa zu verkaufen. Dafür soll Mirza den Ayatollahs hochmoderne Waffen geliefert haben. Vor allem amerikanische und französische. Zur Erinnerung: Mirza ist der Drogenhändler, den Dick Marty am 23. Februar 1987 im Hotel »Excelsior« in Lugano verhaftete. Der Blonde Sam hatte sich als Maulwurf der amerikanischen DEA in sein Netz eingeschlichen.

Im April 1989 vom Geschworenengericht Bellinzona verurteilt, sitzt Mirza im Tessiner Strafgefängnis La Stampa und webt dort Jutesäcke. Am Donnerstag, den 12. Oktober 1989, bestätigt das Kassationsgericht des Kantons Tessin die Strafen von Haci Mirza (17 Jahre Gefängnis), Nicola Giuletti und Itgi Vakkas.

Hussein Bulbul, Besitzer eines Transportunternehmens in Zürich, wird im Januar 1987 aufgrund einer Anzeige verhaftet. Er hatte zwei Kilo Heroin bei sich. Er wird zu acht Jahren Gefängnis verurteilt.

Bekir Celenk war Besitzer eines Unternehmens in seinem Wohnort Biel. Mit türkischen Organisationen der extremen Rechten verbunden, war Celenk mutmaßlich am Attentat auf Papst Johannes Paul II. beteiligt. Er unterhielt langjährige handfeste Beziehungen zur lateinamerikanischen Unterwelt, besonders als Geschäftspartner von Rafael Caro Quintero und Ernesto Fonseca Carillo, genannt »Don Neto«. Diese beiden ausgekochten Paten sitzen seit 1985 im Strafgefängnis von Mexico City, weil sie einen Beamten der amerikanischen DEA zu Tode gefoltert haben. Ihre Organisation ist dennoch intakt. Celenk kommt 1985 auf mysteriöse Weise in einer Zelle des Zentralgefängnisses von Ankara ums Leben.

Pikantes Detail: Macht und Glanz all dieser türkischen Paten sind relativ jungen Datums. Dank ihrer finanziellen Geschicklichkeit, ihrer extremen Brutalität und ihrer Kenntnis der Lücken in den Rechts- und Polizeisystemen der einzelnen europäischen Länder hatten sie innerhalb weniger Jahre ansehnliche Imperien aufbauen können, und das, obwohl ältere und durchaus schlagkräftige Verbrecherorganisationen (der Italiener, Amerikaner, Syrer usw.) bereits auf dem Markt waren. Ihre gemeinsame Operationsbasis war die Schweiz. Die Tessiner Zeitung *L'Eco di Locarno*, die ihren Lebensweg nachgeforscht hatte, schreibt in der Ausgabe vom 13. Dezember 1988: »Einige von ihnen hüteten vor fünfzehn Jahren noch Ziegen in Anatolien.«

Weiteres pikantes Detail: Drogenhändler haben mit Hilfe von Steuerpauschalen, die sie mit den Behörden aushandelten, ihren Wohnsitz in der Schweiz begründet. Daher konnten sie von der Schweiz aus ihre kriminellen Aktivitäten entfalten.[1] In der Schweizerischen Eidgenossenschaft liegt nämlich die Steuerhoheit bei den Einzelstaaten, also bei den Kantonen. Diese können Ausländern, die sie für ihr jeweiliges Territorium gewinnen wollen, Steuervorteile gewähren. Wer als Ausländer den Vorteil der Steuerpauschale genießt, braucht keine Einkommensteuererklärung abzugeben und unterliegt keiner Nachprüfung: Er zahlt alljährlich einen Pauschalbetrag, den er ein für allemal mit der kantonalen Steuerbehörde ausgehandelt hat. Es braucht nicht ausdrücklich gesagt zu werden, daß dieser Pauschalbetrag im Vergleich zur üblichen Einkommenbesteuerung sehr vorteilhaft ist. So leben gewisse internationale Drogenhändler seelenruhig in der Schweiz und genießen obendrein enorme Steuervorteile...

In Bern lebt ein Mann, der all diese Ereignisse mit gelinder Verzweiflung verfolgt.

Sein Name ist Peter Niese. Er ist Chef der Außenstelle

---

1 Bericht der Parlamentarischen Untersuchungskommission, a. a. O, S. 208 ff.

der amerikanischen Drogenfahndungsbehörde DEA in der Schweiz. Die DEA, die in der ganzen Welt rund 3000 Agenten im Einsatz hat, arbeitet wie ein Geheimdienst. Die ihr angehörenden Männer und Frauen werden sorgfältig ausgewählt und verfügen über nicht alltägliche moralische, intellektuelle, psychologische und physische Qualitäten. Die DEA nimmt nur solche Mitarbeiter auf, die eine ungewöhnliche militärische oder zivile Karriere (bei Polizei oder Justiz) hinter sich haben. Die Auswahl ist streng. Es gibt etliche darunter, die wahre Helden sind, zum Beispiel der Blonde Sam, der als Maulwurf der DEA in das Herz des türkisch-libanesischen Netzes eindrang. Seine Identität ist nur dem Tessiner Untersuchungsrichter bekannt, der sie in einem versiegelten Umschlag in seinem Panzerschrank im Justizgebäude von Bellinzona aufbewahrt. Der Blonde Sam ist ein verwegener Maulwurf: Im Hauptquartier der Bande, einer unauffälligen Villa auf den Anhöhen von Istanbul, verhandelt er mit Haci Mirza. Dem argwöhnischen alten Mirza zeigt er im Untergeschoß einer Zürcher Bank die drei Millionen Dollar, die ihn bei Lieferung der Morphinbase erwarten. Noch immer nicht beruhigt, verlangt Mirza das Labor von »Sams Bande« zu sehen. Die DEA muß also im Tessin ein komplettes Labor aus dem Boden stampfen, das Sam dem Türken vorführt, der sehr davon beeindruckt ist.[1]

Ein weiteres Beispiel ist der namenlose Agent der DEA, der 1983 in das mexikanische Netz von Rafael Caro Quintero und Ernesto Fonseca Carillo eindringt. Er wird enttarnt und von den Leibwächtern der Paten zu Tode gefol-

---

1 Einen gewissen Einblick in die erstaunliche Arbeit des Blonden Sam gab Dick Marty in seinem Vortrag vor der Schweizer Gesellschaft für Strafrecht, gehalten am 16. November 1989 in Neuchâtel (nach seinem Ausscheiden aus der Justiz kann er heute frei reden). Vgl. *Le Matin*, Lausanne, 17. November 1989.

tert. Dennoch gibt er die Namen der übrigen Maulwürfe, die in dem Netz arbeiten, nicht preis. Die Paten und ihre Totschläger werden später verhaftet und verurteilt.

Peter Niese ist ehemaliger Offizier des Marine Corps und Vietnamveteran. Er arbeitet seit achtzehn Jahren für die DEA. Sein größter Ruhmestitel: Als Chef der DEA-Dienststelle in Fort Lauderdale hat er mit Waffengewalt die kubanischen, panamaischen und kolumbianischen Netze im Süden Floridas zerschlagen. Niese, Sohn eines deutschstämmigen Vaters, der als Feuerwehrmann in New York diente, und einer irischen Mutter, ist ein blonder Hüne, aufgeschlossen, ironisch und klug; seine Erkundungen im schweizerischen Dschungel setzen ihn in Erstaunen. Bei den Auslandsdienststellen der DEA kennt man nur den Chef, der offiziellen Kontakt zu den örtlichen Behörden halten muß, während die Identität seiner Mitarbeiter im verborgenen bleibt. Niese hat an der US-Botschaft in Bern die Stellung eines Botschaftsrats. Manchmal mitten in der Nacht durch einen Telefonanruf des DEA-Residenten in Bogotá, Istanbul oder Beirut aufgeweckt, springt er in seinen superschnellen grünen BMW, rast nach Zürich oder nach Genf, wo er zusammen mit der örtlichen Polizei auf dem Flughafen (Cointrin oder Kloten) einen Hinterhalt aufbaut, um den angekündigten Frachtbegleiter, Drogenhändler oder Finanzier zu »schnappen«. Ich frage ihn: »Und das funktioniert?« Nieses diplomatische Antwort: »*Sometimes*« (gelegentlich).

Der Leser dieses Buches wird unschwer erraten, woran es liegt, daß den Versuchen, Abgesandte der Paten auf Schweizer Territorium abzufangen, nur geringer Erfolg beschieden ist.

Niese findet es unverständlich, wie die Drogenbekämpfung in der Schweiz organisiert ist. Besonders erstaunt ihn die Tatsache, daß die großen Banken und Wechselstuben auf den beiden interkontinentalen Flughäfen des Landes, in Zürich-Kloten und in Genf-Cointrin, in der Abflughalle und im Transitraum Schalter unterhalten, so daß jeder Agent des Todes seine Bankgeschäfte tätigen kann, ohne je eine Zoll- oder Polizeikontrolle zu passieren. Was noch schlimmer ist: Sollte dieser Pate, dieser Finanzier oder dieser Handlungsreisende in den USA (oder anderswo) in ein Justizverfahren verwickelt sein, so läßt sich nur sehr schwer beweisen, daß er sich in der Schweiz aufgehalten hat. Ich bin Niese für seine scharfsinnigen Analysen und seine Offenheit zu großem Dank verpflichtet.

Im August 1986 erreicht die Zürcher Polizei ein detaillierter Bericht der italienischen Staatsanwaltschaft, der Aufbau und Aktivitäten der in der Ostschweiz ansässigen türkischen Händlerringe genau beschreibt. Darin werden Mohamed Shakarchi und Hans W. Kopp, Vizepräsident der Shakarchi Trading AG, offen beim Namen genannt. Was tut der eifrige Polizist, der den Bericht zu bearbeiten hat? Wenn die einschlägigen Presseberichte (in *L'Hebdo* beispielsweise) stimmen, entfernt er, ganz erfüllt von gesundem Respekt vor dem Ehemann der amtierenden Bundesjustizministerin, einfach den Namen Kopp, bevor er das brisante Dokument an die örtliche Staatsanwaltschaft weiterleitet. Die weiß, nebenbei gesagt, nichts damit anzufangen...

Ein andermal trifft in Zürich, so berichtet jedenfalls der *Tages-Anzeiger*, ein italienisches Rechtshilfeersuchen bezüglich des Paten Parlak ein. Selbstverständlich wird es abgelehnt. Die Zürcher Polizei übertrifft sich obendrein selbst: Nicht genug damit, daß sie der italienischen Polizei jegliche Zusammenarbeit verweigert, vermerkt sie auf der Akte Parlak: »Überwachung unnötig.«

Die Schweizer gegen einen türkischen (oder libanesischen) Paten um Rechtshilfe zu ersuchen, kann im übrigen gesundheitsschädlich sein: Rocco Chinici, Untersuchungsrichter in Palermo, bittet 1983 die Zürcher Polizei um Hilfe in einer Angelegenheit, bei der es um die Lieferung von Heroin an die sizilianische Mafia geht. Die Zürcher Staatsanwaltschaft hält die von italienischer Seite angeführten Tatsachen für »allzu unbestimmt«. Die erbetene Hilfe wird versagt. Die von Richter Chinici aufgedeckten Tatsachen scheinen indes nicht für jedermann »allzu unbestimmt« zu sein: Sechs Monate, nachdem er sein Rechtshilfeersuchen nach Zürich geschickt hat, wird der unvorsichtige Richter ermordet. Er ruht heute auf dem Friedhof von Palermo. Der *Tages-Anzeiger*, die größte Zeitung des Landes, nennt das schamhaft »die Pannen der Zürcher Polizei«.[1]

An den Gestaden eines Sees gelegen, der von den klaren Wassern der Alpengletscher gespeist wird, ist Zürich eine der ältesten und schönsten Städte unseres Kontinents. In ihrem Herzen liegt, von Platanen und Blumenrabatten umsäumt, ein unheimlicher Platz: der Platzspitz.

Der Platzspitz ist ein Ort des Sterbens, der eine Art Extraterritorialität genießt. Hier greift kein Polizist ein. Hunderte von Jugendlichen und Erwachsenen – bisweilen auch Kinder – verhandeln unter den Bäumen und zwischen den Blumen über ihre tägliche Dosis Heroin, Crack oder LSD, spritzen sich das Gift in die Adern, fallen ins Delirium und leiden, und manchmal liegt einer im Sterben. Zwischen diesen kaputten jungen Leuten bewegen sich freiwillige Sanitäter von karitativen Organisationen, Sozialarbeiterinnen und Pfarrer. Mit heulenden Sirenen kommen die Ambulanzen herbei, laden einen sterbenden Bengel auf und fahren wieder ab ... Der Boden ist mit gebrauchten Spritzen übersät. Einmal täglich kommt die Stadtreinigung mit ihren orangeroten Wagen und beseitigt mit starkem Strahl die

---

1 Bericht des *Tages-Anzeigers*, 9. Juni 1989.

Fäulnis und den Unrat, der sich auf dem Platzspitz angesammelt hat.

Dieser Platz des Elends, der den Schaulustigen tagtäglich das entsetzliche Bild des Verfalls von desorientierten,
hoffnungslosen, selbstzerstörerischen Jugendlichen bietet,
liegt einige hundert Meter entfernt von den prunkvollen
Fassaden der Banktempel, in denen die Dollarmilliarden
aus dem weltweiten Drogenhandel »gewaschen« werden.

Der *Nouvel Observateur* und *Libération* haben sich in
Reportagen angelegentlich mit dieser ungewöhnlichen
Nachbarschaft befaßt. Das fünfte Programm des französischen Fernsehens hat am 6. Mai 1989 eine Sendung über
den Platzspitz gebracht. TF 1, das erste Programm, hat der
»Schweizer Connection« am 17. Juni 1989 eine erschüt-
ternde Reportage gewidmet. Die Emire, die in unmittelba-
rer Nähe des Platzspitz ihren Sitz haben, sind weder gegen
diese Zeitungen noch gegen diese Fernsehprogramme gerichtlich vorgegangen.

Zurück zum unerbittlichen Niedergang des Hauses Kopp.
Der von der Regierung ernannte außerordentliche Untersuchungsrichter führt von März bis September 1989 die
Untersuchung durch, vernimmt die Angeschuldigte. Dieser Richter heißt Walter Koeferli. Aus noch zu erläutern-
den Gründen führt Walter Koeferli in Journalistenkreisen
den schönen Namen »Herr Einsteller«. Er ist wohl der
umstrittenste Untersuchungsrichter der ganzen Eidgenossenschaft. Die Regierung beruft ihn gegen den erklärten
Willen des Parlaments und weiter Teile der Richterschaft.

21. September 1989: Vizekanzler Achille Casanova, ein
überschwenglicher, leutseliger und scharfsinniger Tessiner,
steht in seinem luxuriös ausgestatteten Amtszimmer, das
moderne Gemälde aus dem Besitz der Bundeskanzlei
schmücken, Qualen aus. Journalisten aus der ganzen
Schweiz und ausländische Korrespondenten umlagern sein

Büro. Am Vortag hat Koeferli seinen Bericht erstattet, dem sich der interimistische Bundesanwalt, der die Anklageschrift zu formulieren hat, in allen Punkten anschließt: Kein wirklich schwerwiegender Anklagepunkt wird gegen die Exministerin aufrechterhalten. Machtmißbrauch? Vom Tisch gefegt! Behinderung der Justiz? Dummes Geschwätz! Nur ein Verstoß wird Elisabeth Kopp zur Last gelegt: Verletzung des Amtsgeheimnisses.

Rückblende: Erinnern Sie sich des 27. Oktober 1988! Die amtierende Justizministerin der Eidgenossenschaft erfährt, daß ein unvorsichtiger Staatsanwalt des Kantons Tessin zwei Fahrer des türkisch-libanesischen Netzes verhaftet hat und sich anschickt, die Führungskräfte einer Firma zu verfolgen, die er als eine der wichtigsten Geldwäschereien der Bande betrachtet, der Shakarchi Trading AG in Zürich. Aus ihrem Amtszimmer im Bundeshaus setzt die Ministerin ihren Ehemann, der Vizepräsident der Shakarchi AG ist, telefonisch davon in Kenntnis. Dieser tritt im Laufe des Tages von seinem Posten zurück. Wurde – so die Vermutung der Ermittler – die Shakarchi AG durch den unerwarteten Anruf in die Lage versetzt, sich auf den Besuch der Polizei vorzubereiten, kompromittierende Unterlagen zu vernichten, kurz, alle nötigen Vorkehrungen zu treffen, um eventuellen Verhören und Ermittlungen gelassen entgegensehen zu können? Jedenfalls hat bisher keine der Ermittlungen, die der Tessiner Staatsanwalt Dick Marty oder andere Gerichtsinstanzen gegen Mohamed Shakarchi und seine Teilhaber durchführten, zu einer Verurteilung geführt. Der Clan der Shakarchis erlebt derzeit ein ungebremstes wirtschaftliches Wachstum und floriert wie noch nie.[1]

---

1 Mehrere Mitglieder des Shakarchi-Clans besitzen Finanzgesellschaften. Eine davon hat sich kürzlich in einem herrschaftlichen Stadthaus in Genf, 10 Promenade Saint-Antoine, niedergelassen.

Montag, der 19. Februar 1990, 10 Uhr morgens: Eine warme Vorfrühlingssonne überflutet den Park von Mon Repos, hoch über dem Genfer See, in Lausanne. Hinter der neoklassischen Prunkfassade des Schweizerischen Bundesgerichtes beginnt der Strafprozeß gegen Elisabeth Kopp, Katharina Schoop und Renate Schwob.

Es sollte – wie die Basler Zeitung berichtet – ein »Prozeß der Pannen und Peinlichkeiten« werden. Warum sagt die Basler Zeitung (Markus Felber) gleich selber: »Da war zunächst die von Sonderbundesanwalt Joseph-Daniel Piller verfaßte Anklageschrift, welche mindest punkto Elisabeth Kopp dürftiger als dürftig war... Da war der bereits im Rentenalter stehende Präsident (Red. Albert Allemann, Präsident der Strafkammer des Bundesgerichtes), mit seiner selbstgesuchten Aufgabe teilweise hoffnungslos überfordert.«[1] Samuel Burckhardt, immer noch amtierender Generalsekretär des Bundesjustizministeriums, und Rudolf Wyss, Chef des Zentralpolizeibüros, werden bloß als Zeugen einvernommen.

Das Urteil verkündet Albert Allemann am Freitagnachmittag, den 23. Februar: Freispruch für Elisabeth Kopp und Mitangeklagte.

Joseph-Daniel Piller verzichtet auf Einreichung der Berufung. Elisabeth Kopp schreitet blumengeschmückt und strahlend zum wartenden Mercedes.[2]

Der Medienkonzern Ringier gibt eine landesweite Umfrage in Auftrag. Frage: »Finden Sie das Urteil betreffend Elisabeth Kopp als zu milde respektive als skandalös?« Genau 70 Prozent der Befragten antworten mit »ja«.

Der Präsident der Sozialdemokratischen Partei der

---

1 Markus Felber, in *Basler Zeitung*, 23. Februar 1990.
2 *L'Illustrée*, Lausanne, 28. Februar 1990.

Schweiz, Nationalrat Helmut Hubacher, redet dieser Volksmehrheit aus dem Herzen: »Dieses Urteil ist eine Ohrfeige für alle Schweizer Bürger, die dem Gesetz gehorchen und ihre Parkbußen bezahlen... Langsam aber sicher wird in diesem Lande alles möglich.«[1]

---

1 Helmut Hubacher in *Tribune de Genève* (und Associated Press), 24./25. Februar 1990.

3

Der rätselhafte Monsieur Albert

Ein weiteres schönes Beispiel für die erlesene schweizerische Gastfreundschaft liefert der Fall *Albert Shammah*.

Albert, Sproß einer bedeutenden Familie jüdischer
Kaufleute in Aleppo, hat von seinen Vorfahren den scharfen Verstand, die Kultur und die Reiselust geerbt. Mit wa-
chem Blick hinter dicken Brillengläsern, den schwarzen
Hut fest auf seinen kahlen Rundschädel gedrückt, strahlt
der kleine wohlbeleibte Mann Lebensfreude aus. Außer
Arabisch, Hebräisch und Japanisch spricht er fließend die
wichtigsten europäischen Sprachen. Mit seinem von leichten Hängebacken eingefaßten energischen Kinn erinnert er
an die mondänen, kultivierten Räubergestalten aus den
Romanen Pozzis. Er ist kontaktfreudig und hat eine
warme menschliche Ausstrahlung. Nur gelegentlich tritt
ein diamantenhartes Glitzern in seine Augen, das seine Gesprächspartner erschauern läßt.

Mit zwanzig Jahren reist Albert nach Kobe in Japan.
Anschließend schlägt er seinen Wohnsitz in Bombay auf.
1947 läßt er sich in Mailand nieder. 1964 gründet er in
Genf seine erste Finanzgesellschaft, die Mazalcor AG. Er
behält aber weiterhin seinen Wohnsitz in Mailand. Innerhalb von zwei Jahrzehnten wird er zu einem der wichtigsten Devisenhändler Italiens. Die Valuta ist seine Leidenschaft. Dutzende und Aberdutzende Millionen, in Dollar,
Yen, Gulden, Mark und Franken, laufen alljährlich über

seine Konten in Mailand und Genf, New York, Kobe usw.[1]

Nach Ansicht italienischer Richter stammt ein Teil dieser astronomischen Beträge aus dem globalen Drogen- und Waffenhandel. Zu Recht oder zu Unrecht halten diese Richter den polyglotten Albert für eine Schlüsselfigur in zahlreichen internationalen Netzen, die sie zu sprengen versuchen. Eines ist sicher: In den Adressenbüchlein, in den (abgehörten) Telefongesprächen und in den Aussagen zahlreicher Beschuldigter beiderseits des Atlantiks taucht mit schöner Regelmäßigkeit der Name Shammah auf.

Auf die einwandfreie Laufbahn von Monsieur Albert fällt ein kleiner Schatten: *Abdullah Isaacs*, 77 Jahre alt, sein enger Freund, Mann seines Vertrauens und direkter Mitarbeiter seit zwanzig Jahren, läßt sich dummerweise schnappen. Von der Turiner Justiz in die Enge getrieben, hat *Celal Erdogan*, ein türkischer Ganove und Hauptstellvertreter des großen *Vagit Tirnovali*, den alten Isaacs »verpfiffen«. Er behauptet, auf Befehl Tirnovalis schmutziges Geld bei Isaacs deponiert zu haben. Journalisten der Zeitschrift *L'Hebdo*, die Einblick in die Unterlagen der italienischen Justiz hatten, sind der Auffassung, Isaacs habe Albert Shammah eindeutig in die Sache hineingezogen. Sie zitieren, was Isaacs den Ermittlungsbeamten erklären sollte: »Es war für Shammah bestimmt, und damit dieser es ins Ausland transferieren kann, hat er, Isaacs, das ihm von Celal Erdogan überreichte Geld in Verwahrung genommen.« Er fügt an, daß Albert Shammah »ihn in diesen Kreis eingeführt habe und daß er durchaus der Organisator des Ganzen sein könne«.[2]

---

1 Vgl. *l'Espresso*, Mailand und Rom, 17. und 24. Januar 1988.
2 *L'Hebdo*, 23. Februar 1989, S. 27.

In Italien kommt es nun zu undurchsichtigen Abrechnungen zwischen Ganoven. Shammah wird entführt, um dann gesund und munter wieder aufzutauchen. Anschließend setzt er sich nach Genf ab. Dort wohnt er zunächst zwei Jahre lang in einem luxuriösen Hotel, dem »Hôtel du Rhône«, und danach bezieht er einen märchenhaften Patriziersitz im Bastions-Viertel.

Monsieur Albert versteht zu leben: Ein passionierter und talentierter Bridgespieler, verbringt er den größten Teil seiner Zeit in dem Walliser Ferienort Crans-Montana. Er hat, wie er selbst sagt, außer dem Bridge drei Leidenschaften: schöne Frauen, Pferde und Golf. Eitel, wie er ist, tut Albert etwas für seine Linie: Im Golfhotel in Crans-Montana unterzieht er sich regelmäßig den Kräuterkuren des guten Doktor Mességué.

Sein italienisches Imperium bricht zusammen: betrügerischer Bankrott. Am 10. Mai 1977 wird Anklage erhoben. Jene, die nach Ansicht der italienischen Justiz seine Freunde sind, verschwinden im Gefängnis. Sogar der große Vagit Tirnovali kommt zu Fall: Er wird zu 25 Jahren Gefängnis verurteilt.

Zekir Soydan, ein anderer türkischer Drogenhändler, läßt sich dummerweise in Lausanne verhaften. Vor der Polizei gesteht er, so jedenfalls *L'Hebdo* (23. 2. 1989), große Summen an Albert Shammah gezahlt zu haben. Wer hatte ihn dazu beauftragt? Der leider in der Zwischenzeit verhaftete große Boß Vagit Tirnovali, dessen Neffe er ist?

Monsieur Albert übersteht den Sturm. Er kann sich auf mächtige Helfer in Genf verlassen.

Zum Leidwesen von Monsieur Albert sind die italienischen Richter hartnäckig – besonders der Turiner Untersuchungsrichter Mario Vaudano. Spezialisiert auf die Bekämpfung der Finanzorganisationen der sizilianischen und kalabrischen Mafia, überhäuft Vaudano Genf mit Gesuchen. Unter Berufung auf das Rechtshilfeabkommen verlangt er, daß bestimmte Konten gepfändet werden, daß er Einsicht in Dokumente erhält, die Shammah gehören, fordert er Gegenüberstellungen. Man nennt das »kommissarische Vernehmung«.

Diese Gesuche landen auf dem Tisch einer eleganten jungen Frau namens Laura Rossari-Jacquemoud. Die Dame ist Untersuchungsrichterin im Genfer Gerichtsgebäude an der Place du Bourg-du-Four.

Frau Rossari-Jacquemoud findet die Rechtshilfeersuchen der italienischen Justiz »unvollständig«.[1] Sie lehnt es ab, den Anträgen stattzugeben. Im Jahre 1989 wird Laura Rossari-Jacquemoud zur Präsidentin des Amtsgerichts Genf befördert.

Doch in Italien steht Monsieur Albert weiterhin unter Anklage, in einer Sache, die zugleich Yasar Musullulu betrifft – dessen Verhaftung die Eidgenössische Bundesanwaltschaft ablehnt.[2] Die Schweiz lehnt es ab, den in der gleichen Sache angeschuldigten Yasar Kisacik auszuliefern.

Oktober 1985: Den italienischen Richtern reißt der Geduldsfaden. Unter Berufung auf das Auslieferungsabkommen mit der Schweiz fordern sie, daß Monsieur Albert ordnungsgemäß verhaftet und den italienischen Gerichten überstellt wird. Eines schönen Herbstmorgens wird Shammah in seiner prunkvollen Bleibe im Bastions-Viertel von Genfer Polizisten aus dem Bett heraus verhaftet. Ein Zellenwagen bringt ihn in das Gefängnis Champ-Dollon im Genfer Umland.

---

1 Vgl. die Erklärungen von Frau Rossari-Jacquemoud in *L'Hebdo*, 5. Mai 1989.
2 Siehe unten S. 164.

Für Auslieferungen ist das Eidgenössische Justiz- und Polizeidepartement zuständig. Die Kantonsbehörden führen nur seine Anweisungen aus. Der hohe Beamte, der die Sache in Bern bearbeitet, heißt Edgar Gillioz. Er wird von den Freunden Shammahs und ihren einflußreichen Anwälten mit Briefen überschwemmt. Schließlich gelangt Edgar Gillioz zu der Ansicht, das italienische Auslieferungsersuchen sei »unzureichend begründet«. Noch bevor das Bundesgericht in Lausanne, in Sachen Auslieferung die letzte Instanz, darüber entscheiden kann, setzt Gillioz Shammah wieder auf freien Fuß. Immerhin verlangt er von ihm eine Kaution von 250 000 Schweizer Franken und behält seinen Reisepaß ein.

Erneut werden die Freunde tätig. Gillioz gibt dem unschuldig Verfolgten die Kaution und den Paß zurück. Daraufhin erläßt Richter Vaudano einen internationalen Haftbefehl. Mit welchem Erfolg? Während ich diese Zeilen schreibe, verbringt Monsieur Albert unbehelligt seine Tage zwischen Golfspiel in Crans-Montana und seinen Luxusappartements im Bastions-Viertel. Er bestreitet jegliche Verwicklung in den Drogenhandel.

Schaut man sich die Auslieferungspraxis der Schweizer Behörden näher an, so kann man feststellen, mit welch erlesenem Feingefühl das Eidgenössische Justiz- und Polizeidepartement gewisse Großkunden der Emire behandelt.

Nehmen wir zum Beispiel den Großmeister der Loge P 2, *Licio Gelli*. Diese Loge gehört zu den größten, am besten organisierten und effizientesten internationalen Verbrecherorganisationen der neueren Geschichte.

Am 2. August 1980 explodiert auf dem Bahnhof von Bologna eine Bombe, von der 85 Reisende – Männer, Frauen und Kinder – zerfetzt und an die hundert weitere schwer verletzt werden. In der gleichen Zeit bricht der Banco Ambrosiano, der unter anderem die Gelder des Vatikans verwaltet, zusammen. Kurz danach wird der Leiter dieser Bank, der Bankier Calvi, erhängt unter einer Brücke von London aufgefunden. Die italienische Justiz macht in erster Linie Mitglieder der Loge P 2 für beide Vorfälle verantwortlich. Der Großmeister taucht daraufhin in Lateinamerika unter. Zunächst findet er bei der argentinischen Militärdiktatur Unterschlupf, dann wird gemeldet, er halte sich in Brasilien auf. Mehrere Schweizer Banken verwalten die Nummernkonten der P 2.

Am 13. September 1982 erscheint Gelli, ausstaffiert mit einem falschen Schnurrbart und gefärbten Haaren, in den Besuchsräumen der Schweizerischen Bankgesellschaft in Genf. Der Großmeister vertraut auf die Diskretion der eidgenössischen Bankiers, und da er knapp an liquiden Mitteln ist, möchte er zehn Millionen Dollar abheben. Noch in den Räumen der SBG von der Genfer Polizei verhaftet, wird er in das beschauliche Gefängnis von Champ-Dollon verlegt. Am 10. August 1983 verläßt Gelli mit Hilfe eines bestochenen Wärters das Gefängnis durch das Haupttor. Ein in der Nähe wartender Hubschrauber bringt ihn an ein unbekanntes Ziel.

Schließlich zieht Gelli sich auf seine lateinamerikanischen Stützpunkte zurück. Aber er gibt sich nicht geschlagen. Er möchte sein Imperium wiedererrichten und seine zig Millionen Dollar zurückerhalten. Wie stellt er das an?

Er läßt den an die Schweiz gerichteten Auslieferungsbefehl der italienischen Behörden durch Anwälte vor dem schweizerischen Bundesgericht anfechten. Das Bundesgericht weist Gellis Klage ab und erklärt die Auslieferung für rechtmäßig. Damit spielt es ungewollt das Spiel des Großmeisters, denn im Auslieferungsbeschluß des Bundesgerichts werden nur die administrativen und finanziellen Verfehlungen im Zusammenhang mit der Affäre Ambrosiano erwähnt. Im italienisch-schweizerischen Auslieferungsabkommen ist jedoch festgelegt, daß ein Beschuldigter, der von der Schweiz an Italien ausgeliefert wird, von der italienischen Justiz allein wegen der im Auslieferungsbeschluß ausdrücklich genannten Delikte belangt werden darf.

Nachdem die Entscheidung des Bundesgerichts feststeht, verhandelt Gelli über seine Rückkehr in die Schweiz. Es sind undurchsichtige Verhandlungen, über die man bis heute kaum etwas weiß und die den Justizapparat, die Polizei und die Regierung in Genf tief entzweien. Staatsrat Bernard Ziegler, der couragierte Justizminister des Kantons, widerspricht heftig den Forderungen der Anwälte Gellis. Er verliert die Schlacht.

Es geht um nichts Geringes, denn der Großmeister wird in der ganzen Welt von Interpol gesucht. Internationale Haftbefehle laufen gegen ihn. Falls er irgendwo außerhalb der Schweiz verhaftet wird, verfrachtet man ihn nach Italien, stellt ihn vor Gericht und belangt ihn wegen der Bluttat von Bologna. Gelingt dagegen sein Genfer Schachzug, so wird er von der Schweiz an Italien ausgeliefert und ausschließlich wegen administrativer und finanzieller Delikte belangt.

Trotz des Ärgers, den sie zeitweilig hatte, bleibt die P 2 eine der effizientesten, reichsten und mächtigsten Verbrecherorganisationen der Welt. Sie weiß ihren Großmeister wirksam zu schützen, und in keinem Land wird die Polizei Hand an ihn legen. Ende 1987 kreuzt Gelli seelenruhig in Genf auf. Eine Zeitlang liegt er – wegen »Herzstörungen« – im Zellentrakt des Kantonshospitals, dann wird er am 17. Februar 1988 nach Italien abgeschoben. Die italienische Justiz, durch den schweizerischen Auslieferungsbeschluß gebunden, verurteilt Gelli wegen administrativer und finanzieller Verstöße zu zwei Monaten Gefängnis ... Danach muß sie ihn freilassen.

Doch die italienischen Richter geben sich nicht geschlagen. Im Sommer 1988 beginnt der Prozeß wegen des Blutbads von Bologna, und Gelli wird zu zehn Jahren Gefängnis verurteilt. Aus den oben genannten Gründen ist das Urteil nicht vollstreckbar. Am 18. Juli 1989 legt die italienische Justiz in Bern einen Antrag auf »Erweiterung des Auslieferungstatbestandes« vor, der auf die Verurteilung Gellis wegen des Anschlags in Bologna Bezug nimmt. Was tut das Bundesjustizministerium? Es lehnt diesen Antrag rundweg ab, unter dem spitzfindigen Vorwand, das Verbrechen von Bologna sei verjährt!

Politiker, Richter und öffentliche Meinung in Italien sind über soviel Zynismus empört. Renzo Imbeni, der Bürgermeister von Bologna, gibt ihrem Empfinden Ausdruck: Die Ablehnung der Schweizer sei »ein feindseliger Akt gegenüber Italien [...] eine Schande und eine unglaubliche Kränkung für die Angehörigen der Opfer«.[1] Dennoch verlebt Licio Gelli heute glückliche Tage in seiner Villa in der Toscana.

Ein letztes Beispiel für das gestörte Funktionieren der schweizerischen Justiz: In Biel, am Fuß des Schweizer Jura, lebt ein anderer Philanthrop namens *Hovik Simonian*. Der internationale Geschäftsmann wurde 1949 im Libanon geboren. Seit 1977 in Biel ansässig, gründet er dort 1979 die Firma Abiana AG.

An Aktivitäten wurde festgestellt: Uhrenhandel mit der Türkei und den Ländern des Nahen Ostens, Schleichhandel in diesen Ländern und Devisenschmuggel. Eine der Drehscheiben der Transporte der Abiana ist Sofia. Mehr als 50 Millionen Schweizer Franken laufen zwischen 1980 und 1983 über ihre Konten.

1983 hat sie (vorübergehend) Pech. Die italienische Ju-

---

1 Renzo Imbeni, Bürgermeister von Bologna, zitiert von der *Tribune de Genève*, 10. Oktober 1989.

stiz – schon wieder! –, der sich der Staatsanwalt des Kantons Basel-Stadt anschließt, eröffnet gegen Simonian und seine Komplizen ein Untersuchungsverfahren wegen Geldwäscherei im Zusammenhang mit dem internationalen Rauschmittelhandel. Simonian wird am 19. Mai 1983 verhaftet. Über die Sache entscheiden die Richter von Biel. Trotz dokumentarischer Beweise, die sich auf einen Betrag von 350000 Schweizer Franken beziehen[1], wird das Verfahren eingestellt. Mehr noch: Die Kosten werden dem Kanton Bern auferlegt, der auch die Honorare der Anwälte Simonians bezahlt und ihm wegen immateriellen Schadens eine Entschädigung zahlt. Man bedankt sich bei den Schweizer Steuerzahlern!

Von einer ganz und gar unangebrachten Neugier getrieben, stellt eine Gruppen von fünf hochkarätigen Journalisten eigene Recherchen an. Die Ergebnisse sind erstaunlich.[2] Simonian hatte es, folgt man den Ergebnissen dieser Recherchen, verstanden, sich die richtigen örtlichen Beziehungen zu verschaffen. Für die Verwaltung seiner Abiana AG hatte er sich die Dienste eines diskreten Bieler Treuhandexperten namens *Walter Bieri* versichert. Bieris Sohn Adrian war zwischen Januar 1987 und Ende April 1988 Untersuchungsrichter des Kantons Bern.[3]

Kurz darauf wird Adrian eine schmeichelhafte Beförderung zuteil: Er wird an die Bundesanwaltschaft berufen, wo man ihm die Verfolgung des internationalen Drogenhandels anvertraut.

Juni 1989: Simone Mohr und Yves Lassueur schneiden

---

1 Dieser Betrag stand unter Zwangsverwaltung; diese wurde durch Urteil des Schweizerischen Bundesgerichts vom 21. 9. 1989 aufgehoben.
2 »Affaire Kopp et argent sale: la vraie menace« in *L'Hebdo*, 15. Dezember 1988
3 Zur nämlichen Zeit, in der die strafrechtliche Voruntersuchung des Falles Simonian stattfindet.

in einer Sendung der Télévision suisse romande (»Temps présent«) den Fall Simonian an. Dieser erhebt Klage beim Gericht von Lausanne (dort hat der Sender seinen Sitz). Das Gericht weist Simonian ab. In der Begründung seiner Entscheidung beruft es sich vor allem auf die Feststellungen von Arthur Haefliger. Sie erinnern sich: Haefliger war vom Bundesrat eingesetzt worden, um die Amtsführung von Elisabeth Kopp zu untersuchen.[1] In seinem Bericht über die Drogenhändlerringe und ihre Finanziers hatte er mehrfach Simonian und die Abiana AG erwähnt.

Während ich diese Zeilen schreibe, ist Simonian noch immer in Biel; seine Geschäfte – und besonders die Abiana AG – laufen wie gewohnt.

---

1 Vgl. S. 48.

4

Ein Geistlicher auf Reisen

Sumaré ist das höchstgelegene *barrio* (Viertel) der altertümlichen, an die Kolonialzeit erinnernden Vorstadt Santa Tereza. Hier, auf den von wucherndem Dschungel bedeckten Hügeln haben die Kaffeebarone, die Großkaufleute der Stadt, die Reeder, die Gouverneure und die Äbte der Klöster ihre von Säulengängen umgebenen Häuser errichtet, Refugien vor dem glühendheißen Sommer, der das Leben unten in der Stadt unerträglich macht.

Heute ist Sumaré ein Labyrinth von Waldwegen, ausgefahrenen Straßen, kleinen halb zerfallenen Häusern und verrufenen Hotels. Durch verrostete Gitter erspäht man hie und da, verloren in weitläufigen Parks, ein Herrenhaus zwischen moosbedeckten Wasserbecken und hundertjährigen Bäumen, von denen etliche der Blitz gespalten hat.

Unter dem ersten Bogen des Aquädukts von Santa Tereza hatten sich nacheinander drei Taxifahrer geweigert, mich in den Dschungel von Sumaré hinaufzufahren. Der vierte erklärt sich bereit, ein kleiner untersetzter Portugiese, der vor kurzem eingewandert ist, fröhlich und von der finsteren Entschlossenheit eines Forschungsreisenden beseelt; nach einer Dreiviertelstunde Fahrt bei hermetisch geschlossenen Fenstern stoppt der alte Volkswagen endlich auf dem aufgeschütteten Vorplatz, vor dem hohen, von bewaffneten Posten bewachten Gitter, am höchsten Punkt von Sumaré. »*A casa do cardéal*« (das Haus des Kardinals), erklärt mir der Portugiese voll Stolz.

Dom Eugenio Sales, Kardinal-Erzbischof von Rio de Janeiro und Primas von Brasilien, ist längst in ein funktionales klimatisiertes Gebäude im Stadtzentrum umgezogen, und so wird der altertümliche Palast mit seinen eleganten weißen Säulen, die Fassade der Bucht zugewandt, der eine fast senkrecht zum Geschäfts- und Hafenviertel abfallende Steilwand überragt, nur noch von Nonnen, Gärtnern, Wachposten und meinem Freund Joseph Romer bewohnt, Weihbischof und Cheftheologe des Primas.

Von diesem strengen, disziplinierten, reaktionären und mächtigen Kirchenherrn trennt mich alles. Sein Mund öffnet sich nur, wenn die straffe Kontrolle einer stets lauernden Intelligenz es erlaubt: unablässig beobachtet er seinen Gesprächspartner, um die geringste Schwäche zu erspähen, den winzigsten Bruch in der Argumentation auszunutzen. Im schwarzen Zivilanzug mit tadelloser Bügelfalte, auf dem Revers des Jacketts ein kleines metallenes Kreuz, schlägt er dann und wann seine Beine übereinander und preßt ein Gebetbuch mit vergoldetem Einband an sich, aus dem etliche rote, gelbe und grüne Bänder heraushängen.

Der Mann – er ist in den Fünfzigern – hat einen ungewöhnlichen Lebensweg hinter sich: In einem Dorf des Kantons St. Gallen in der Ostschweiz als Sohn eines kleinen Beamten geboren, wird er Seminarist und absolviert ein glänzendes Studium. Den finsteren Kirchenoberen von St. Gallen wird er mit seinem allzu scharfen Urteil und seiner Klugheit bald zur Last. Da greift die Vorsehung ein: In den heißen Tagen des Zweiten Vatikanischen Konzils sitzt der Bischof von St. Gallen neben dem Primas von Brasilien. Dieser bittet ihn, ihm zur Bekämpfung der marxistischen Subversion in der brasilianischen Kirche einen gebildeten Theologen zu überlassen. Freudig entledigt sich der Bischof von St. Gallen des allzu intelligenten Abbé Romer.

Der wird rasch zur grauen Eminenz des Primas, zu einer anerkannten theologischen Autorität im größten katholischen Land der Welt. Romer, der wie ein Franziskanermönch (der er nicht ist) in Armut lebt, ist voller Empörung: das Elend, die Korruption, das Leiden der Armen findet er unerträglich. Die Demütigung ist ihm nicht unbekannt – er hat sie in seiner St. Gallener Jugendzeit erlebt. Handeln und Denken dieses ultrakonservativen, gelehrten, glänzenden, starrsinnigen und tief gläubigen Kreuzritters sind von einer starken und sicheren Menschenliebe bestimmt. Für ihn gibt es nur einen Weg, den der moralischen Erneuerung durch die Unterwerfung unter das Gesetz Gottes, dessen irdischer Administrator der polnische Papst ist.

Unter einem prächtigen Mangobaum sitzen wir auf zwei alten weißen Holzstühlen im Garten von Sumaré. Ein leichter, durchscheinender blaurosa Nebel verhüllt die Strände von Niterói, die Tiefen der Bucht von Guanabara. Dreihundert Meter tiefer, am Fuß der fast senkrecht zum Hafen abfallenden Felswand, die Unterstadt und das Meer; die ersten Lichter gehen an, einsame Sterne in der heraufziehenden Dämmerung. Hier, unter dem Mangobaum, auf dem gesprengten Rasen, zwischen den Gladiolen, Hibiskus und blauen Fliederbüschen, ist es noch hell. Durch die offenen Küchenfenster weht der Duft von in Sonnenblumenöl gebackenen Krapfen zu uns herüber. Am Rande des Wasserbeckens wiegen sich die leichten Blätter des Hibiskus im Rhythmus des Himmels und des Windes. Es ist Freitag, der 25. Juli 1989.

Joseph Romer berichtet mir von den Verwüstungen, die die Droge anrichtet: In Kolumbien und Peru herrschen die großen Drogenbarone, ihre Privatmilizen, ihre Finanziers. Über die Grenze im Amazonasgebiet dringt das Kokain nach Brasilien und in die Großstädte am Atlantik ein. Während es die jungen Leute zu Tausenden verstümmelt und tötet, beschert es den Politikern, den Militärs und der lokalen Unterwelt korrumpierenden Reichtum. Mit einem hintergründigen Lächeln und beherrschtem Ausdruck sagt Romer: »Nicht einmal die Kirche ist vor der Plage gefeit. Ich mußte mich kürzlich nach Genf begeben.«

Einige Tage später sitze ich mit Dalva, einer Sozialarbeiterin der Kirchengemeinde Santa Cruz, im Restaurant Faro an der Avenida Atlantica in Copacabana beim Essen. Der Gemeindebezirk, einer der volkreichsten von Rio, umfaßt die vornehmen, bürgerlich-wohlhabenden Viertel Siqueira Campos und Figueiredo de Magalhaẽs – aber auch ein riesiges Elendsviertel, das sich an den kahlen Hängen des Morro dos Cabritos hinaufzieht.[1]

Dalva ist bedrückt, traurig. Ihren *peixe dorado* rührt sie kaum an. So habe ich sie noch nie gesehen. Ich mache mir Sorgen. Sie sagt: »Jetzt sind es die Jungen und Mädchen von zwölf, vierzehn Jahren, die umgebracht werden, sich gegenseitig töten, ihre Kameraden hinrichten. Sie sind zu *aviãos* geworden.«

Was ist ein *avião*[2]? Die Drogenbosse gehen in die *favelas* und verteilen das Kokain gratis an Kinder und Halbwüchsige – jedenfalls eine Zeitlang. Diese Kinder sind zum Verrecken arm. Wenn sie erst einmal drogenabhängig sind, tun sie alles, um sich weiter vergiften zu können, um, wenigstens für einige Stunden, ihren Hunger und ihre Hoffnungslosigkeit vergessen zu können. Die Bosse benutzen sie dann für den Transport von Stoff, Geld und Waffen in der riesigen Megalopolis. Die gewalttätigsten unter ihnen werden mit zwölf oder dreizehn Jahren zu Kapos, die ihre Kumpel überwachen und, von Fall zu Fall, umbringen.

---

1 »Morro dos Cabritos« bedeutet Berg der Ziegen.
2 Brasilianisch für »Flugzeug«.

Wenn so ein kleiner, vom Hunger gepeinigter *avião* Tausende von *cruzados novos* unter seinem schmutzigen Hemd transportiert, kann es schon vorkommen, daß er beim Gedanken an seine Mutter und seine hungrigen Brüder nicht immer der Versuchung widersteht, von dem Schatz, den er transportiert, einige *cruzados* zu entwenden, um für seine Familie Brot oder eine Tüte Reis zu kaufen. Wenn das geschieht, bringt der Kapo ihn um.

»Die da jetzt abgeknallt werden, waren früher in der Kinderkrippe, du kennst die kleinen Burschen doch.« Dalva zählt leise die Namen der letzten Opfer auf, die man mit einem Einschuß zwischen den Augen und verbranntem Gesicht in der Schlucht am Rande der Favela »dos Cabritos« gefunden hat.

Am 16. August kehre ich nach Genf zurück. Am 17. meldet die *Tribune de Genève* unter einer Schlagzeile, die über die ganze Seite geht: »Brasilianischer Ring von Narco-Dollars in Genf aufgeflogen.«

Diese »Aufdeckung« hat eine Vorgeschichte. Die amerikanische DEA und die italienische Guardia di finanza hatten den brasilianischen Ring seit zwei Jahren beobachtet. 1987 wird die Organisation teilweise aufgedeckt, doch in der (später enttäuschten) Hoffnung, bis zu den brasilianischen Paten vorzudringen, halten die Ermittler still.

Dezember 1987: Eine aus Rio de Janeiro kommende Swissair-Maschine hat nach der Landung in Genf-Cointrin ein Problem – der Gepäckraum läßt sich nicht öffnen. Die Swissair notiert Name und Adresse aller Passagiere und verspricht, das unfreiwillig zurückgehaltene Gepäck im Laufe des Tages zuzustellen. Unter den Passagieren ist ein 77jähriger Geistlicher, Pfarrer einer Gemeinde in Rio de Janeiro, der sich in einem kleinen Hotel im Pâquis-Viertel einmietet. Er trägt den schönen Namen *Lino Christ*.

Nicht Angestellte der Swissair bringen ihm einige Stunden später seine drei Koffer, sondern zwei Inspektoren von der Kriminalpolizei. Sie legen ihm Handschellen an. Der fromme Mann ist ein alterfahrenes Maultier des brasilianischen Rings. Der Inhalt seiner Koffer, neun Kilo reines Kokain, ist fast eine Million Dollar wert.

Im Laufe der Woche werden fünf weitere Transporteure, Männer wie Frauen, verhaftet. Im Frühjahr 1988 werden sie zu Strafen zwischen zehn und fünfzehn Jahren Gefängnis verurteilt.

Als ich den Artikel lese, fallen mir die geheimnisvollen Worte von Bischof Joseph Romer ein. Ich erfahre, daß der Bischof, mein Freund, in das Gefängnis von Champ-Dollon gegangen ist, um mit Lino Christ, seinem verirrten und gleichwohl glaubenstreuen Pfarrer, zu beten und die Messe zu lesen.

Jahrelang hatte dieser brasilianische Ring reibungslos, geradezu klassisch funktioniert. Transportiert von Lateinamerikanern, die als Touristen auftraten, landete die Droge in Genf-Cointrin, von wo sie nach Mailand befördert wurde, um auf dem norditalienischen Markt, in Frankreich und in der Bundesrepublik Deutschland verkauft zu werden. Andere Brasilianer brachten Koffer in die Schweiz, die mit italienischen, französischen und deutschen Banknoten vollgestopft waren.

Der Ring hatte eine Hausbank: die Wechselstube der Migros-Bank in der Rue du Mont-Blanc Nr. 16 in Genf. Dort haben die Transporteure zwei Jahre lang ihre Koffer geleert, dort wurden zweimal wöchentlich Beträge im Wert von 500 000 Schweizer Franken gewechselt. Mit beruhigender Regelmäßigkeit wurden diese Beträge dem Konto Nr. 13 277 201 – Code-Name »Austral« – bei der Bank Banesto Banking Corporation in New York gutgeschrieben. Inhaber des Kontos? Eine brasilianische Gesellschaft namens Walter Exprinter.

An diesem Punkt geraten die Ermittlungen ins Stocken: Nach Informationen der italienischen Justiz und der DEA sollen sich hinter der Firma Walter Exprinter Generäle der brasilianischen Armee verbergen. Die brasilianische Justiz ist vorsichtig und weigert sich folgerichtig, an der Ermittlung mitzuwirken. Was die Schweizer Bank betrifft, so teilt sie auf Anfragen von Journalisten mit, daß ihre »Wechselstuben korrekt und gewissenhaft gehandelt« hätten und »ihnen nichts vorgeworfen werden kann«.[1]

Postskriptum: Die weltumspannenden Organisationen der Agenten des Todes haben, genau wie die Geheimdienste der einzelnen Staaten, in den meisten Industriestaaten ständige Repräsentanten, die sämtliche Operationen in dem jeweiligen Land überwachen, ohne den Transporteuren, den Verkäufern oder auch nur den Emiren bekannt zu sein. Der schweizerische Verbindungsmann des brasilianischen Rings hieß *Michel Frank.* Als Sohn eines reichen schweizerisch-brasilianischen Industriellen in Brasilien geboren, hatte die Polizei des Staates Rio de Janeiro seit 1976 wegen Erdrosselung einer jungen Brasilianerin nach ihm gefahndet. Frank lebte seit Jahren in einer komfortablen Wohnung in der Zürcher Altstadt. Vermutlich haben die Paten in Brasilien es ihm nicht verziehen, daß das europäische Netz aufflog: Am Morgen des 24. September 1989, einem Sonntag, wurde die von Kugeln durchsiebte Leiche Franks in der Tiefgarage seines Hauses gefunden.

---

1 Vgl. *Tribune de Genève,* 18. August 1989.

5

Die Schweizer Freunde des Medellín-Kartells

Auf dem Hauptplatz des ländlichen Fleckens Soacha, einige Kilometer von Bogotá entfernt, hält Senator Luis Carlos Galán, 46 Jahre alt und Bewerber um die Präsidentschaft in Kolumbien, am Freitag, dem 18. August 1989, spätnachmittags eine Wahlkampfveranstaltung ab. Er ist ein gutgewachsener, beherzter Mann, hat ein offenes, sympathisches Gesicht, und er ist beliebt. Er ist ein entschiedener Feind der Barone des Medellín-Kartells. Nach allen Umfragen wird er die für Mai 1990 vorgesehene Präsidentschaftswahl gewinnen. Dicht gedrängt steht die sonntäglich gekleidete Menge. Sie ist typisch für das Hochtal von Santa Fé de Bogotá, vergleichbar jener, die Gabriel García Marquez in seinem Roman *Die Liebe in den Zeiten der Cholera* unsterblich gemacht hat. Städtische Bürger mit ihren Regenschirmen, kleine Pflanzer mit Filzhut, Bauern, die ihr einziges, frisch gebügeltes weißes Hemd tragen, Frauen mit bunten Kopftüchern, Scharen schreiender Kinder, die barfüßig herumtollen. Hunderte von Fahnen flattern im Wind der Sierra. Es ist sonnig, aber frisch. Galán, umgeben von seinen Leibwächtern, von Freunden, Bewunderern und Schaulustigen, nähert sich dem Podium. Er steigt die Stufen hinauf. Die freudig erregte Menge begrüßt ihn mit nicht endendem herzlichem Beifall, bringt zum Klang der Gitarre Hochrufe auf ihn aus. Galán lächelt, reißt die Arme hoch – und bricht zusammen, Kopf und Rumpf von Dutzenden Kugeln durchbohrt. Die Killer haben sich in der ersten Reihe postiert. Sie schießen mit Uzi-Maschinenpistolen. Mit beeindruckender Genauigkeit und Kaltblütigkeit. Ein Kameramann des staatlichen Fernsehens, der sich auf dem Podium aufgebaut hat, filmt, bleich und zitternd vor Angst, die ganze Szene.[1]

Die Killer zerstreuen sich in der Menge. Sie gehören zum sogenannten Sicherheitsdienst des Medellín-Kartells, der Hochburg der Drogenschmuggler im kolumbianischen Magdalenatal. Diese Killer schießen schnell, kaltblütig, und sie zielen genau. Ihre Ausbildung verdanken sie den israelischen Söldnern eines pensionierten Obersten, Jair Klein.[2]

Am 25. August erklärt der amtierende Präsident Virgilio Barco den Drogenbaronen den »totalen Krieg«. Er verhängt den Belagerungszustand. Armee und Polizei, ausgestattet mit Sondervollmachten, machen Jagd auf die Transporteure, die Finanziers, die Killer des Kartells. Über die ganze Region von Medellín wird eine Ausgangssperre verhängt. Die Streifen haben Befehl, auf jeden, der ihren Anweisungen nicht folgt, sofort das Feuer zu eröffnen.

Um die Öffentlichkeit soweit wie möglich für den »totalen Krieg« zu gewinnen, veröffentlichen die Regierungen von Washington und Bogotá alle ihnen verfügbaren Dokumente über Strategie und Infrastruktur des Kartells von Medellín (ausgenommen solche, die sich auf ein laufendes Ermittlungsverfahren beziehen).

Seit 1982 ist Kolumbien der größte Kokainexporteur der Welt. Die Drogenbarone bilden einen Staat im Staate. Ihre

---

1 Zum genauen Ablauf des Attentats vgl. die Zeitschrift *Cromos*, Bogotá, 28. August 1989, und die Sonderausgabe der Zeitung *El Tiempo*, Bogotá, 21. August 1989.
2 Siehe dazu den Bericht über die *sicarios*, die Killer der Milizen des Medellín-Kartells, in *Der Spiegel*, 4. September 1989.

Waffen: *plata y plomo* (Silber und Blei). Entweder sie bestechen, oder sie töten. Seit 1982 haben sie 18 000 Menschen umbringen lassen, darunter 221 Richter und über 2000 Polizisten.

In der ersten Woche des »totalen Krieges« verhaftet die Armee über 11 000 Personen, beschlagnahmt über 14 000 Fahrzeuge, Flugzeuge, Hubschrauber, 37 Jachten und Hochseeschiffe, besetzt und enteignet 287 große Landgüter und Hunderte von städtischen Gebäuden. Im Amazonasgebiet, im unteren Magdalenatal und auf den Hochebenen von Santandér werden 47 geheime Flugplätze zerstört.

Abends vor dem Fernsehen trauen die Bewohner von Bogotá, der Provinz Antioquia, von Medellín (aber auch von New York, Lima, Mexico usw.) ihren Augen nicht: Das kolumbianische Fernsehen und die nordamerikanische NBC übertragen direkt die Beschlagnahmung (zugunsten des kolumbianischen Staates) der Schlösser, Plantagen, Stadtpaläste und Zuchten von Vollblutpferden der Paten. Im »Castillo Maroquin«, das Camilo Uapata Vasquez gehört, einem der Bankiers des Kartells, entdekken die Fernsehzuschauer drei riesige Schwimmbecken, deren Böden, Einfassungen und Sprunganlagen mit Blattgold ausgekleidet sind. Eine weitere, beunruhigendere Entdeckung: Im Gästebuch stehen die Namen mehrerer kolumbianischer und ausländischer Minister sowie führender Offiziere von Armee und Polizei. Die im Magdalenatal gelegene »Hazienda Nápoles«, die über einen eigenen, für die Boeing 720 geeigneten Flugplatz, eine Stierkampfarena und 10 000 Hektar Ackerland verfügt, gehört Pablo Escobar Gaviria. Escobar, ein Tierfreund, unterhält dort einen privaten Zoo: fünfhundert Tiere, darunter aus Afrika importierte Elefanten, Boas und Giraffen. Im ersten Stock des Palais von Gonzalo Rodriguez Gacha beschlagnahmen die Stoßtrupps der kolumbianischen Armee das aus reinem Silber angefertigte Bett des Paten.

Nach Angaben der Zeitschrift *Fortune* sind unter den zweihundert reichsten Personen der Erde drei kolumbianische Kokainbarone.

Die Infrastruktur des Kartells wird hart getroffen. Dreihundert Kilometer nördlich von Bogotá, zwischen Puerto Para und Puerto Arango, erstreckt sich über 12 000 Hektar das Landgut »Olinda«. Es beherbergt eines der größten, jemals von einer Polizei sichergestellten Geheimlabors der Welt. Unter der Erde liegen 20 Tanks von jeweils über 5000 Liter Fassungsvermögen, in denen sich Chemikalien befinden, die für die Herstellung der Droge erforderlich sind: Äther, Petroleum, Aceton usw. Bei dieser Gelegenheit werden neben 1,2 Tonnen Kokainpaste hochmoderne Geräte und Materialien zur Raffination beschlagnahmt.

Die Beschaffung der Chemikalien, die man für die Raffination der Droge braucht, ist heute die Hauptsorge der Dealer. Sie werden nur von wenigen multinationalen Großfirmen hergestellt, zu horrenden Preisen. Es gibt diese Produkte – besonders Äther – auf dem Schwarzmarkt zu extrem überhöhten Preisen. Das riesige Labor von »Olinda« ist das Werk des genialen Chemikers *Humberto Sanchez*, der heute in den Vereinigten Staaten einsitzt.

Doch der »totale Krieg« gegen das Medellín-Kartell, den Präsident Virgilio Barco – gestützt auf nordamerikanische Experten und 110 Millionen Dollar Sonderkredite, die Präsident George Bush freigab – auslöste, endete mit einem Mißerfolg. Von den neun Hauptverantwortlichen des Kartells wird in der ersten Phase des Kokainkriegs nur Eduardo Martinez Romero verhaftet, ein junger und fähiger Bankier, der in den Vereinigten Staaten beschuldigt wird, in Europa allein im Jahre 1988 1,2 Milliarden

Drogendollars gewaschen zu haben.[1] In der Nacht vom 6. auf den 7. September wird er per Sonderflugzeug an die amerikanische Justiz ausgeliefert. Die übrigen Barone – José Rodriguez, Evaristo Porras, Victor Eduardo Vero, Ramón Fernando, Jorge Luis Ochoa, Rodriguez Gacha[2] u. a. – entziehen sich der Verhaftung und tauchen in ihren Rückzugsbasen im brasilianischen Amazonasgebiet oder in Panama (bei ihrem Bundesgenossen Noriega) unter.

Nur einer der Barone nimmt die Herausforderung an: *Pablo Escobar Gaviria*. Eine erstaunliche Persönlichkeit! Von mittlerer Statur, mit kleinen, kohlschwarzen Augen, gewaltigen Händen und einem Stiernacken, ist dieser Mann vom Landarbeiter zum Kleinbauern aufgestiegen. Zum *sicario* (gedungenen Mörder) im Dienst eines Drogenhändlers befördert, arbeitet er sich im Laufe von zwanzig Jahren in der Hierarchie des Kartells nach oben. Aufgrund seiner Grausamkeit, seiner Gewalttätigkeit und seiner totalen Mißachtung des menschlichen Lebens kann er sich im Bandenkrieg behaupten und seine wichtigsten Kollegen und Rivalen nach und nach ausschalten. Die Umwandlung der *sicarios* in gedrillte Kommandoeinheiten, die mit modernsten Waffen ausgerüstet und in Sabotagetechniken ausgebildet sind, ist seine Idee. Ihm ist auch die Folterschule von Puerto Bocaya zu verdanken.

Auf die Idee, ein Kartell zu bilden, verfällt Anfang der achtziger Jahre ein Drogenbaron und Bandenchef, der gebildete und hochintelligente Sohn deutscher Einwanderer Carlos Lehder: für die Bandenchefs wäre es von Vorteil, sich nicht zu bekämpfen, sondern ihre Handelsnetze, die

---

1 Im Laufe der Monate September und Oktober 1989 werden fünf weitere Führungskräfte von geringerer Stellung an die amerikanische Justiz ausgeliefert.
2 Gacha wird später vom kolumbianischen Geheimdienst gestellt und erschossen.

Leitung ihrer Labors und den Befehl über ihre Milizen zusammenzulegen. Als einige Barone sich dagegen sperren, verbündet sich Lehder mit dem brutalen Escobar, um sie umzubringen.

Die Idee bringt Lehder kein Glück, denn als das Kartell zu funktionieren beginnt, wird er von Escobar verraten. Über das finstere Kapitel einer gelegentlichen Zusammenarbeit Escobars mit der nordamerikanischen DEA ist wenig bekannt. Tatsache ist, daß Lehder durch Verrat in die Hände der DEA gerät. Er wurde in den USA zu lebenslanger Haftstrafe verurteilt.

Die Bauern, Händler und Arbeitslosen des mittleren Magdalenatals verehren Escobar. Sie nennen ihn »Don Pablo«. Doch Escobar ist ein ultrareaktionärer Faschist: Er stellt seine *sicarios* den Großgrundbesitzern zur Verfügung, um die organisierten Bauern, die Familien der kleinen Landbesitzer, die der Ausweitung der großen Haziendas im Wege sind, zu verjagen und umzubringen. Aber Don Pablo zahlt: Mit seinem Geld entstehen in den Elendsvierteln von Medellin oder Cali und in den Dörfern des Magdalenatals Hunderte von Kinderkrippen, Fußballclubs, Kirchen und *comedores populares* (Volksküchen).

Am Morgen des 28. August fangen die Beamten in der Abhörzentrale des kolumbianischen Geheimdienstes DAS eine erstaunliche Botschaft auf: Don Pablo spricht. Eindeutig identifizieren sie seine Stimme. Don Pablo verlangt vom DAS, daß dieser dem Präsidenten Virgilio Barco eine Botschaft übermittle. Don Pablo möchte über einen Waffenstillstand verhandeln: Straflosigkeit gegen Einstellung des Drogenhandels auf kolumbianischem Territorium.[1]

---

1 Die Transkription des (über Sprechfunk geführten) Gesprächs zwischen Don

Virgilio Barco, unterstützt von George Bush, lehnt ab. Hinter Barco steht eine ungewöhnlich entschlossene und wagemutige Frau: Monica de Grieff, 31 Jahre alt, Justizministerin. Sie ist der sechste Justizminister seit 1986, als Barco sein Amt antrat. Einer ihrer Vorgänger, Rodrigo Lara Bonilla, wurde von *sicarios* ermordet, ein anderer, Enrique Parijo, schwer verletzt. Die übrigen Justizminister, nicht gerade für ein solches Himmelfahrtskommando geeignet, haben sich der Reihe nach der Erpressung gebeugt: Das Kartell hat die reizende Gewohnheit, seinen künftigen Opfern ein Familienfoto zu schicken, begleitet von einem kleinen schwarzen Holzsarg. Die Minister sind, einer nach dem anderen, zurückgetreten.

Nachdem innerhalb von zwei Jahren 18 Richter ermordet wurden, schafft Monica »befestigte Häuser«, in denen die mit den Fällen der Narco-Bosse befaßten Richter arbeiten, mit ihren Familien wohnen und Urteile fällen. Die einen Komplex bildenden Häuser werden Tag und Nacht von Eliteeinheiten der kolumbianischen Armee bewacht.

Doch am 22. September gibt Monica de Grieff auf: Sie tritt zurück und flüchtet sich mit ihrer Familie in die Vereinigten Staaten.

Warum bleibt Don Pablo unbestraft?

Da es ihm widerstrebt, sich (wie seine Kollegen vom Kartell) ins Ausland abzusetzen, verkriecht er sich in seinem Bunker im Magdalena-Medio im Landesinneren. Seine Truppen (oder das, was davon geblieben ist) stecken unterdessen weiter öffentliche Gebäude in Brand, jagen mit Dynamit vollgestopfte Autos in die Luft – um dem Feind, das heißt dem kolumbianischen Staat, einen »Gegenschlag« zu

---

Pablo und dem diensthabenden Beamten der DAS-Zentrale ist erschienen in *Libération*, 30. August 1989.

versetzen. »Niemand wird Don Pablo holen«, stellt nüchtern ein hoher Polizeibeamter fest.

Diese erstaunliche Vorsicht ist vollauf gerechtfertigt. Denn Don Pablos Bunker, der seine Kurtisanen, seine Familie und seine engsten Mitarbeiter beherbergt, wird von einer furchterregenden Truppe bewacht, die über hochmoderne Waffen verfügt und von israelischen Offizieren ausgebildet wurde, die im Libanonkrieg und bei der Jagd auf Palästinenser ihre Erfahrungen gesammelt haben.

Eine Schutztruppe besonderer Art, »Hod Hachanit« (hebräisch für »Speerspitze«), faßt die israelischen Söldner Lateinamerikas zusammen. Ihr Chef ist ein vierundvierzigjähriger Ex-Oberst der Fallschirmjäger, Jair Klein. Seine Hauptmitarbeiter: Pessach Ben-Or, lange Zeit leitender Militärberater erst der nicaraguanischen Contras und dann der guatemaltekischen Armee, und Mike Harari, rechte Hand für sogenannte »Sicherheitsfragen« des Generals Noriega in Panama. Oberst Harari hat 31 Jahre lang die operative Abteilung des israelischen Geheimdienstes Mossad geleitet. Jair Klein hat sich außerdem der Dienste des Ex-Brigadegenerals Mosche Spektor versichert, der den israelischen Rückzug aus dem Südlibanon leitete.[1]

Die *sicarios*, von israelischen Ex-Offizieren für die verschiedensten Aufgaben (Folterung und Vernehmung von Gefangenen und Geiseln; bewaffnete Überfälle; Morde) trainiert und ausgebildet, sind in Bataillonen von 500 bis 600 Mann zusammengefaßt. Sie verfügen über modernes Kommunikations- und Transportgerät, über Kurzstreckenraketen und hochentwickelte Handfeuerwaffen.

---

1 Zur Karriere von Jair Klein und zur Aktivität der israelischen Söldner in Kolumbien, Guatemala, Panama usw. vgl. *Newsweek*, 2. Oktober 1989.

Die Bosse des Kartells, von den »Heldentaten« der israelischen Offiziere bei der Repression im Libanon und in Palästina tief beeindruckt, sind nicht kleinlich. Ihre Söldner erhalten durchschnittlich 6000 Dollar im Monat und können einen dreimonatigen Vorschuß erhalten. Alle sechs Monate bekommen sie eine Prämie von 10 000 Dollar.[1] Einige israelische Ex-Offiziere, die besonders erfahren sind, erhalten bis zu 20 000 Dollar im Monat, die, wie der *Spiegel* festgestellt hat, bis auf ein Taschengeld regelmäßig und direkt auf die Schweizer Konten der Söldner fließen.

In der Schweiz weckt der Mord an Galán das Gewissen von *Peter Gasser*, 47 Jahre alt. Gasser ist einer der Staatsanwälte des Kantons Zürich. Mit bewundernswertem Mut greift der Mann zur Feder, packt aus und veröffentlicht in der *Weltwoche* vom 24. August 1989 ein erstaunliches Geständnis: Die Zürcher Justiz hat zwischen 1981 und 1988 einstweilig beschlagnahmte Gelder in Höhe von 16 Millionen Franken an Drogenhändler zurückerstattet. Die auf Verlangen der amerikanischen Justiz blockierten Gelder von Drogenhändlern, die bereits von amerikanischen Gerichten verurteilt wurden, sind auf Verlangen des Kassationsgerichts Zürich freigegeben worden. »Freigegeben« ist ein schwacher Ausdruck, denn es wurde nicht nur Männern, die verurteilt und für lange Jahre in amerikanischen Gefängnissen eingesperrt sind, die Beute zurückgegeben, sondern der Kanton Zürich hat ihnen obendrein Zinsen gezahlt. Von 1981 bis 1988 wurden 27 Anträge auf Rückerstattung (auf dem Wege der Berufung) vor die höchste Zürcher Gerichtsinstanz gebracht. Sie hat sich in 17 Fällen für die Rückerstattung entschieden...

---

1 Vgl. *Libération*, 27. August 1989.

Artikel 24 des Betäubungsmittelgesetzes vom 3. Oktober 1951 stellt ausdrücklich fest:

Art. 24 [1]

In der Schweiz liegende unrechtmäßige Vermögensvorteile verfallen dem Staat auch dann, wenn die Tat im Ausland begangen worden ist. Wenn kein Gerichtsstand nach Artikel 348 des Schweizerischen Strafgesetzbuches [2] besteht, ist zur Einziehung der Kanton zuständig, in dem die Vermögenswerte liegen.

Mit anderen Worten: Die in der Schweiz deponierten Guthaben eines Drogenhändlers, der im Ausland verurteilt wurde, müssen konfisziert werden. In der Schweiz obliegt die Gerichts- und Polizeihoheit den Mitgliedsstaaten der Eidgenossenschaft, das heißt den Kantonen. Das Geld ist also von dem Kanton zu konfiszieren, in dem die Bank, die die Beute des Drogenhändlers verwahrt, ihren Sitz hat. Gewöhnlich wird es dann den Sozialeinrichtungen der Polizei zugeführt. Doch das Zürcher Verfahrensrecht ist kompliziert. Es läßt der Interpretation einen weiten Spielraum. Dabei kommt es zu bewundernswerten Leistungen! Drogenhändler des Medellín-Kartells werden von der amerikanischen Justiz verurteilt. In der ganzen Welt werden ihre Konten beschlagnahmt, ihre Vermögen eingezogen. Da ihre Konten zu einem Großteil bei den Zürcher Großbanken geführt werden, fordert die amerikanische Justiz auch hier die Beschlagnahmung. Diese wird ange-

---

1 Fassung gemäß Ziff. I des BG vom 20. März 1975, in Kraft seit 1. Aug. 1975 (AS 1975 1220 1228; BBl 1973 I 1348).
2 SR 311.0.

sichts des energischen amerikanischen Drängens zunächst bewilligt. Doch die Emire von Zürich (Genf, Lugano usw.) haben etwas dagegen, so bedeutende Kunden zu verlieren. Sie setzen das Heer ihrer Juristen in Marsch. Ihre Anwälte erheben Einspruch, setzen sich mit Talent für die Sache der Herren von Medellín ein. Und bekommen am Ende recht.

In der ersten Instanz wird, wie Staatsanwalt Gasser erläutert, die Schlacht gewöhnlich verloren. Die Sache geht also in Berufung und landet schließlich vor dem Kassationsgericht. Nun setzt sich das Kassationsgericht in Zürich nicht aus Berufsrichtern zusammen, sondern aus Personen, die nicht der Richterschaft angehören und vom Parlament gewählt werden: zumeist sind es Wirtschaftsanwälte. Der verwegene Peter Gasser schreibt: »Oft sind es dieselben Anwälte, die mit der Verteidigung der Drogengelder ihre saftigen Honorare verdienen und anschließend am Kassationsgericht über die Rückerstattung dieser Gelder entscheiden.«

Worum es geht, zeigt ein Urteil des Kassationsgerichts Zürich vom 28. September 1984. Im Verlauf eines internationalen Ermittlungsverfahrens gegen ein Netz von Heroinhändlern wurden auf Verlangen eines amerikanischen Richters die Konten einer mächtigen Figur der Mafia bei mehreren Zürcher Banken vorläufig gesperrt. Der Mafioso wird von dem amerikanischen Gericht zu einer langjährigen Gefängnisstrafe verurteilt. Daraufhin verlangt die amerikanische Justiz die endgültige Einziehung der Beute. Das Kassationsgericht geht ernst mit sich zu Rate. Es prüft die Beweise: einen langen, substantiellen Bericht des Washingtoner Justizministeriums, der dem Urteil des amerikanischen Gerichts beigefügt ist. Das Kassationsgericht Zürich befindet: Da die Beweismittel nicht von einer Schweizer Behörde stammen, kann man ihnen nicht die geringste Stichhaltigkeit zuerkennen. Die einstweilige Beschlagnahmung wird aufgehoben, eine Enteignung wird nicht verfügt – und die Millionen von Dollars, Beute aus dem Heroinhandel, werden, mit Zinsen, dem in den Vereinigten Staaten einsitzenden Mafioso zurückerstattet. In Wirklichkeit werden sie in Zürich verwahrt und stehen den Überlebenden des zerschlagenen Netzes zur Verfügung...

Dennoch wird die Wiedererlangung der Gelder für das Medellín-Kartell komplizierter als vorgesehen. Am Mittwoch, dem 29. Nobember 1989, stürmt um 12.30 Uhr ein Kommando von sechs Polizisten mit gezücktem Revolver die Suite eines Luxushotels in Lugano. Auf einem Tisch finden sie drei Kilo reines Kokain. Unter den verhafteten Finanziers und Paten ist ein schlanker, eleganter junger Mann: Severo Escobar, dreißig Jahre alt, genannt »Escobar IV«, Neffe von Pablo Escobar Gaviria. Für die DEA ist er im weltweiten Kokaingeschäft die Nr. 6. Sein Vater, »Escobar III«, verbüßt gegenwärtig in einem US-Gefängnis eine Strafe von dreißig Jahren. Zusammen mit Severo fallen vier weitere Hauptdrahtzieher des Kartells, darunter sein Chefchemiker, der talentierte José Luis Lembana.[1]

---

1 Bericht von Pascal Auchlin in *Tribune de Genève*, 6. und 7. Dezember 1989; Mireille Lemaresquier, *Radio France*, 6. Dezember 1989.

6

Das Krebsgeschwür

Montag, 27. November 1989: François Mitterrand weiht in Lyon am Rhoneufer die neue Weltzentrale von Interpol ein. In seiner Begleitung befinden sich Innenminister Pierre Joxe und Georgina Dufoix, verantwortlich für die Drogenbekämpfung. Der Präsident schlägt in seiner Rede den gleichen Ton an wie in Caracas und Bogotá. Mitterrand führt den Feldzug gegen den internationalen Drogenhandel, diesen »Feind der Völker«, diese »Geißel«, wie er sagt, im Namen der Zivilisation: »Der Mut und die Würde der Regierung [Kolumbiens] haben mich tief beeindruckt. In diesem Kampf, der Ihr Kampf ist, geht es um unsere Ehre. [...] Verlieren wir keine Zeit! Wir dürfen keine Zeit verlieren. [...] Machen wir Schluß mit den vereinzelten, unkoordinierten Aktionen! Die Gefahr kennt keine Grenzen.« Der Sieg der Drogenhändler wäre für den Präsidenten »eine Niederlage der Zivilisation«: »Ich rufe alle Länder auf, in Asien, Lateinamerika und Afrika – denn auch dorther kommt das Übel –, sich gemeinsam einen Ruck zu geben. Es bedarf einer Anstrengung, an der alle sich beteiligen. Die Repression ist ein nicht zu umgehender Aspekt des Kampfes, aber sie ist nicht der einzige [...]. Warum sollten die zivilisierten Nationen schwach und wehrlos sein?«[1]

---

1 François Mitterrand, in *Le Monde*, 29. November 1989.

Zwei Monate zuvor, am 26. August 1989, erklärte François Mitterrand vor dem Arche de La Défense: »Mit den Agenten des Todes ist kein Kompromiß möglich.« Seine Überzeugung ist heute Gemeingut aller Länder Europas. Mit Ausnahme der Schweiz.

Mitte September 1989 erläutert Pierre Joxe, der französische Innenminister, seinen Schlachtplan: Verdoppelung des Personalbestandes beim Zentralamt für die Bekämpfung des ungesetzlichen Handels mit Betäubungsmitteln: Schaffung eines neuen Zentralamts »zur Bekämpfung schwerer Finanzkriminalität«, das die Kreisläufe der Wäscherei und Reinvestition von Narco-Dollars aufspüren und zerstören soll; Aufbau von Abteilungen für Nachforschungen in Finanzsachen, die den Drogengeldern auf die Spur kommen sollen, bei den wichtigsten Dienststellen der Kriminalpolizei von Marseille, Bordeaux, Lyon und Versailles; landesweite dateimäßige Erfassung aller, die gegen das Betäubungsmittelgesetz verstoßen, ungeachtet ihrer Staatsangehörigkeit. Pierre Joxe: »Die Ausmerzung des Drogenhandels ist ein sehr bedeutender, vielleicht der bedeutendste Teil meiner Aufgaben als Innenminister.«[1] In den ersten neun Monaten des Jahres 1989 beschlagnahmt die französische Polizei sieben Tonnen Betäubungsmittel (darunter 723 Kilo Kokain) im Wert von rund 350 Millionen Mark, mehr als das Doppelte aller 1988 beschlagnahmten Betäubungsmittel. Zudem errichtet Frankreich in Lyon das größte, modernste und am besten ausgestattete Labor für Drogenanalysen von ganz Europa.

Die französischen Beamten schaffen es, einen der Exportwege des kolumbianischen Kokains definitiv zu verstopfen: Nach langwierigen und komplizierten internatio-

---

1 Pierre Joxe gegenüber *Libération*, 11. September 1989.

nalen Ermittlungen gegen korrupte kolumbianische Diplomaten in Bonn und gegen Zürcher Bankiers beschlagnahmt die französische Polizei am 6. Dezember 1987 auf der kleinen, Guadeloupe benachbarten Insel Marie Galante die Rekordmenge von 445 Kilo Kokain. Am 18. Mai 1989 verurteilt das Gericht von Pointe-à-Pitre den Paten von Medellín, Pablo Escobar Gaviria, zu zwanzig Jahren Gefängnis. Das Urteil ergeht in Abwesenheit.

Auch in Italien verdoppeln die Guardia di finanza (Finanzpolizei) und die verschiedenen dem Innenministerium unterstehenden Polizeiabteilungen ihre Bemühungen um Infiltration und Zerschlagung der Netze, die dem Drogentransport sowie der Beförderung und Wäscherei der beim Schmuggel der tödlichen Ware angehäuften Vermögen dienen. Italien ist weiterhin ein europäischer Schwerpunkt des Transits, aber auch der Verarbeitung der Droge: Die Zahl der regelmäßigen Heroinkonsumenten im Land wird auf über 300000 geschätzt. Das Jahresvolumen dieses Heroinmarktes wird für 1989 auf über 22 Tonnen beziffert. Am Drogenkonsum und am Transit durch Italien haben die internationalen Händler 1988 schätzungsweise über 60 Milliarden Schweizer Franken kassiert, und ein großer Teil davon wird in der Schweiz gewaschen.

Die Bonner Regierung unterbreitet ihren Partnern in der Europäischen Gemeinschaft den Plan, eine europäische Polizei zu schaffen, die den Drogenhandel und die Wäscherei der illegalen Profite bekämpfen soll. Und die vom Gipfel der Staats- und Regierungschefs der sieben wichtigsten Industrieländer im Juli 1989 beauftragte Gruppe der Finanzexperten, die die Maschinerie, in der die Narco-Dollars gewaschen werden, erkunden und lahmlegen soll, trifft sich seither regelmäßig und arbeitet verbissen.

Und die Schweiz? Sie widersteht siegreich allen wirksamen Kampfmaßnahmen gegen das Waschen der Todesgelder. Der Bundesrat, der sich aus sieben über jeden Zweifel erhabenen, entschlossenen und grundehrlichen Männern zusammensetzt, kann gegen die Emire der Banken nicht viel ausrichten. Frühjahr 1989: Durch den internationalen Skandal, den die Affären Magharian, Musullulu, Shammah, Simonian, Escobar usw. ausgelöst haben, wird die Ausarbeitung eines Gesetzentwurfs gegen das Waschen der Drogengelder unausweichlich. Doch noch ehe der Entwurf ins Parlament gelangt, legen die Emire – öffentlich und durch energische Interventionen in Bern – ihr Veto ein. Sie machen unmißverständlich klar, welche Bestimmungen sie zu akzeptieren bereit wären und welche sie ablehnen. Sie finden Gehör. Der Gesetzentwurf ist auf sie zugeschnitten.

Während der Vorberatungen des neuen Gesetzes[1] in den Kommissionen des Nationalrats und anschließend des Ständerats (beide Kammern bilden zusammen die Bundesversammlung) fordern sozialdemokratische Deputierte ungestüm die Schaffung eines Straftatbestandes der fahrlässig begangenen Geldwäscherei. Artikel 18 des Strafgesetzbuches definiert die Fahrlässigkeit folgendermaßen:

Art. 18

»Bestimmt es das Gesetz nicht ausdrücklich anders, so ist nur strafbar, wer ein Verbrechen oder ein Vergehen vorsätzlich verübt.
Vorsätzlich verübt ein Verbrechen oder ein Vergehen, wer die Tat mit Wissen und Willen ausführt.

---

1 Das neue Gesetz stellt, technisch gesehen, eine Teilrevision des Strafgesetzbuchs dar, durch Schaffung eines neuen Artikels 305 a.

Ist die Tat darauf zurückzuführen, daß der Täter die Folge seines Verhaltens aus pflichtwidriger Unvorsichtigkeit nicht bedacht oder darauf nicht Rücksicht genommen hat, so begeht er das Verbrechen oder Vergehen fahrlässig. Pflichtwidrig ist die Unvorsichtigkeit, wenn der Täter die Vorsicht nicht beobachtet, zu der er nach den Umständen und nach seinen persönlichen Verhältnissen verpflichtet ist.«

In der Wintersession 1989 (Dezember) des Nationalrates verlangt die Sozialdemokratische Fraktion energisch und fundiert die Bestrafung der Fahrlässigkeit. Sie ist nicht allein: als das Gesetz im März 1990 im Ständerat diskutiert wird, erhebt sich der erzkonservative Ständerat Thierry Béguin, von Beruf Generalstaatsanwalt der Republik Neuenburg. Sein Fazit: Wird die Fahrlässigkeit nicht bestraft, bleibt das Gesetz eine lahme Ente.

Es hilft alles nichts: Die reaktionäre Mehrheit beider Kammern, die den multinationalen Großbanken eng verbunden und von gesundem Respekt vor den Emiren erfüllt ist, lehnt diesen Vorschlag ab. Bestraft werden also nur Bankiers und Bankangestellte, die *vorsätzlich* darangehen, die Milliarden des Todes zu waschen.

Was heißt das? Um bestraft zu werden, müssen der Bankier oder sein Angestellter von dem Drogenhandel unmittelbar Kenntnis haben und den festen Willen bekunden, ihn zu begünstigen! Auf der ganzen Welt wird es wohl keinen Bankier geben, der so dumm ist, eine solche Absicht öffentlich zu bekunden. Wo ist der Emir von der Schweizerischen Bankgesellschaft, der Schweizerischen Kreditanstalt oder dem Schweizerischen Bankverein, der seine freundschaftlichen Gefühle für Pablo Escobar oder seine Geschäftsbeziehung mit Yasar Musullulu öffentlich ausposaunen würde?

Was wird also mit den Milliarden von amerikanischen,

italienischen, französischen, brasilianischen, deutschen u. a. Banknoten mit kleinem und mittlerem Nennwert geschehen, die die Transporteure der Drogenhändler wie früher an jedem Werktag in die Banktempel am Paradeplatz in Zürich, an der Corraterie in Genf und am Barfüßerplatz in Basel tragen werden? Nun, dieses Blutgeld wird entgegengenommen, sauber gewaschen und in aller Welt reinvestiert – zum größten Nutzen der Agenten des Todes (und der eidgenössischen Emire).

Für die Liebhaber pittoresker parlamentarischer Feinheiten füge ich noch eine Bemerkung hinzu. Den Deputierten der Minderheit, die die Einführung des Straftatbestandes der fahrlässigen Geldwäscherei gefordert hatten, entgegnete der Christdemokrat Gianfranco Cotti, Tessiner Nationalrat und erfolgreicher Wirtschaftsanwalt in Locarno: »Wir werden eine gesetzliche Informationspflicht schaffen; sie wird die gleiche Funktion erfüllen wie die Sanktionierung des fahrlässig begangenen Delikts.«[1] Die Kaltblütigkeit der zu Volksvertretern beförderten Wirtschaftsanwälte ist wahrhaft bewundernswert!

Der Bankier und sein Angestellter sind also nunmehr gehalten, die Agenten des Todes, die in ihren Salons und an ihren Schaltern erscheinen, höflich zu fragen, woher sie ihre Beute haben. Der Agent des Todes redet irgend etwas daher, der Bankier hört höflich zu – und kassiert das Geld. Er hat seiner Informationspflicht genügt.

Noch eine Bemerkung für die Liebhaber der Schweizer Folklore: Als der Bundesrat unter dem Druck der zahlreichen Skandale der letzten Zeit am 12. Juni 1989 seinen Ge-

---

1 Gianfranco Cotti in den Mittagsnachrichten der Télévision suisse romande am 12. September 1989; als Vorsitzender der mit dem Gesetz befaßten Kommission des Nationalrats hat Cotti bei seiner Entschärfung eine wichtige Rolle gespielt.

setzentwurf mit entsprechender Begründung veröffentlicht, richtet der Verband der Genfer Privatbankiers einen entrüsteten Brief an ihn: »Die Schweiz wird sich ein weiteres Mal eine *Lex americana* geben.« Die Genfer Bankiers wenden sich ebenfalls dagegen, daß in dem Gesetz der Ausdruck »Wäscherei« benutzt wird (sie schlagen vor: »Rückschleusung«).[1] »Wäscherei« impliziert, daß es vor der Wäscherei etwas Schmutziges gab. Das ist nun aber für die aristokratischen Erben Calvins ein unerträglicher Gedanke! Dagegen, daß schmutziges Geld gewaschen werden könnte, erheben diese Genfer Herren in ihrem Brief keinerlei Einwände. Wahrscheinlich denken sie, diese lukrative Tätigkeit sei Gott ganz und gar wohlgefällig. Nein, es ist der Ausdruck, gegen den sie sich wenden, denn alles, was sie tun, ist definitionsgemäß sauber.

Zur Erinnerung: Wer in den Vereinigten Staaten einen Betrag von über 10 000 Dollar auf ein Bankkonto einzahlt, ist *verpflichtet*, die legale Herkunft der Einlage *zu beweisen*. Nichts dergleichen in der Schweiz. Ich sage es noch einmal: Die Finanziers des Drogenhandels werden weiterhin unbesorgt ihre Banknoten, Schecks usw. in fremder Währung am Schalter einzahlen und ganz normal ihre Zinsen kassieren können. Allein die »vorsätzliche« Annahme von Drogengeldern wird künftig strafbar sein. Mit anderen Worten: Beteiligt sich der Bankier aktiv an der Organisation eines Drogennetzes, so macht er sich strafbar; nimmt er dagegen nur das Geld an, das man ihm bringt, so riskiert er rein gar nichts. Kurz: Die Emire von Zürich, Basel, Genf und Lugano können ganz unbesorgt sein. Das neue Gesetz wird die riesige, blutige Maschinerie zum Waschen der Milliarden des Todes nicht stoppen.

1 *Domaine public* (Wochenzeitung), 7. September 1989.

Robert Studer, Präsident der Generaldirektion der Schweizerischen Bankgesellschaft, der ersten Bank des Landes, zeigt sich großzügig: »Wir akzeptieren den Gesetzentwurf des Bundesrates, weil er die fahrlässige Annahme von schmutzigem Geld nicht unter Strafe stellt.« Nik Niethammer und Jürg Zbinden, den beiden Reportern der *Neuen Schweizer Illustrierten*, die ihn befragen, macht er ein erstaunliches Geständnis: »Wir wollen nicht, daß sich die 110 000 Bankangestellten der Schweiz in lauter Detektive verwandeln. Wenn auch die Fahrlässigkeit strafbar wäre, stünde jeder von ihnen dauernd mit einem Bein im Gefängnis.«

Pascal Auchlin, der den eidgenössischen Finanzdschungel scharfsinnig durchforscht, bemerkt: »Es sind Milliarden von Franken [aus dem internationalen Drogenhandel], die die schweizerische Wirtschaft ernähren und verderben.«[1] Die Flut der Narco-Dollars ist der nährende Strom der schweizerischen Erde, ein regelrechter Nil. Es wäre ein Irrtum zu glauben, nur einige multinationale Großimperien würden von diesen schmutzigen Fluten bewässert. Bevor sie in den Ozean der Großbanken münden, benutzen viele dieser Ströme einen Kanal, um so etwas wie eine Vorwäsche zu durchlaufen: die Finanzgesellschaften, die als Vermögensverwalter, Devisenhändler und Treuhänder auftreten.

Es gibt ein Bundesgesetz über die Banken und Sparkassen, das die Mindestregeln für den Bankbetrieb festlegt, und eine Eidgenössische Bankenkommission, die – theoretisch – die Einhaltung dieser Regeln überwachen soll.[2] Nun

---

1 Pascal Auchlin, »Recyclage de narco-dollars: Zurich bat Genève«, in *Tribune de Genève*, 23. August 1989.
2 Die Eidgenössische Bankenkommission, deren Vorsitz ein christlich-demokra-

umfaßt das eidgenössische Emirat Tausende von Finanzinstituten, die sich dadurch auszeichnen, weder diesem Gesetz noch der sehr symbolischen Kontrolle der Kommission zu unterliegen. Diese Institute, zusammenfassend als »Finanzgesellschaften« bezeichnet, üben auf die Agenten des Todes eine große Anziehungskraft aus.

Im Gegensatz zu den Banken verfügen sie nicht über die technische Infrastruktur, das weltweite Zweigstellennetz, das Know-how, das Kommunikationssystem, den Zugang zu den Börsen und so weiter, die für die Rückschleusung der Milliarden von Narco-Dollars erforderlich sind. Ihre Funktion ist bescheidener, aber dennoch wichtig: Sie nehmen das Geld der Drogenhändler entgegen und betreiben eine Vorwäsche, indem sie in deren Namen – mit dem schmutzigen, nun aber treuhänderisch aufbereiteten Geld – bei den Banken Depots, Nummernkonten, Wertpapierportefeuilles und so weiter eröffnen. Auf diese Weise verschaffen sie dem Drogenhändler eine doppelte Anonymität.

Vor vierzig Jahren von zwei aus Bagdad stammenden Brüdern, Selim und Juri Lawi, gegründet, ist die Mirelis AG in Genf darauf spezialisiert, Gelder aus dem Nahen Osten aufzunehmen. Ich zitiere hier drei weitverbreitete amtliche Dokumente, die der intensiven Diskussion, die sich an dieser Gesellschaft entzündet hat, seit über einem Jahr immer neue Nahrung geben. Diese drei Dokumente sind besonders aufschlußreich.

Das erste ist der Bericht der Parlamentarischen Untersuchungskommission vom 22. November 1989, aus dem hervorgeht, daß Jacques-André Kaeslin, bei der Bundesan-

---

tischer Wirtschaftsanwalt führt, ist eine ziemlich folkloristische Institution; überwiegend aus ehemaligen Bankdirektoren und Wirtschaftsanwälten zusammengesetzt, ist ihre Kontrollfunktion weitgehend eine nur symbolische.

waltschaft für die Drogenbekämpfung zuständig, im September 1988 seine Vorgesetzten ersuchte, gegen mehrere Finanzgesellschaften ein kriminalpolizeiliches Ermittlungsverfahren einzuleiten, darunter namentlich die Mirelis AG, die Mecattaf AG, die El Ariss AG, die Guardag AG und, natürlich, die Shakarchi Trading AG. Rudolf Gerber, Staatsanwalt der Eidgenossenschaft, lehnte die Eröffnung des Ermittlungsverfahrens ab. Kaeslin hat gleichwohl interessante Erkenntnisse zutage gefördert. In seinem Fahndungsbericht vom 8. September sagt Kaeslin:

»Uns ist bekannt, daß sich die folgenden Finanzinstitute in voller Kenntnis der Sachlage dem Waschen von Geldern aus dem Drogengeschäft widmen:
– Shakarchi Trading / Shakarco AG, Zürich
– Mecattaf AG, Zürich
– El Ariss AG, Zürich
– Guardag AG, Zürich
– Mirelis AG, Genf
Diese Institute arbeiten mit und unterhalten Konten bei folgenden Banken:
– Schweizerische Bankgesellschaft
– Schweizerischer Bankverein
– Schweizerische Kreditanstalt
Die Konten dieser Institute bei den genannten Banken werden von leitenden Angestellten geführt, die eine verantwortliche Stellung innehaben und sich darüber im klaren sind, daß die Herkunft der Gelder illegal ist.«[1]

Das zweite Dokument stammt von der Drogenbekämpfungs-Einheit der italienischen Guardia di finanza, die seit

---

1 Der vertrauliche Fahndungsbericht, hier in deutscher Übersetzung, gelangte in die Hände der renommierten Zeitschrift *Politik und Wirtschaft*, Zürich, die ihn in ihrer Januarnummer 1990 im Faksimile veröffentlichte.

Jahren einen beispielhaften Kampf gegen die Netze der Agenten des Todes in Europa führt. Über die Untätigkeit der schweizerischen Behörden empört, wählt die Guardia 1989 eine ungewöhnliche Methode. Sie veröffentlicht einen detaillierten Bericht, der auf sechshundert Seiten das Ergebnis des Großteils ihrer neueren Ermittlungen bezüglich der Schweiz darlegt. Die Guardia sorgt dafür, daß der Bericht an die italienische und schweizerische Presse gelangt. Umfangreiche Auszüge daraus erscheinen im römischen Wochenmagazin *Espresso* sowie in den Schweizer Zeitungen *24 Heures, Tribune de Genève* und *L'Hebdo*.[1]

Die Guardia di finanza umreißt die *exakte Geografie der wichtigsten schweizerischen Wäschereien*: Sie identifiziert die Konten der Drogenbosse nicht nur bei der Schweizerischen Bankgesellschaft, dem Schweizerischen Bankverein und der Schweizerischen Kreditanstalt, sondern auch bei der Bank Leu, der Banque de Commerce et de Placement, der Schweizerischen Volksbank, der Bank Louis Dreyfuss, der American Express Bank, der Trade Development Bank in Genf, den Zweigstellen in Genf und Lugano der Allgemeene Bank Nederland und dem Banco della Svizzera italiana. Die unbestreitbare Welthauptstadt des Waschens schmutziger Gelder: Zürich, die Wiege Zwinglis, Hochburg der strengen protestantischen Moral.

Seitenweise bringt der Bericht der Guardia di finanza Fotokopien von Kontoauszügen der Mirelis AG für Konten von Drogenhändlern, nach denen gefahndet wird oder

---

1 Ein amüsantes Detail: Die Redaktion des *L'Hebdo* beschließt, den fraglichen Bericht dem Generalstaatsanwalt der Republik und des Kantons Genf zu übersenden, damit, wie es ein Journalist ausdrückt, »die Staatsanwaltschaft nicht mehr sagen kann, sie habe von den Ergebnissen der italienischen Ermittlungen keine Kenntnis«.

die angeklagt beziehungsweise verurteilt sind. Mehrere der bekanntesten Drogenhändler, die bei den jüngsten Skandalen eine Schlüsselrolle gespielt haben, besitzen ein oder mehrere Konten bei der Mirelis AG.

So hat Irfan Parlak, der Pate des türkisch-libanesischen Netzes, zwischen Juli und November 1981 auf sein Konto (Code-Name »TAC«) bei der Mirelis AG die bescheidene Summe von 10,616 Millionen Mark sowie in Teilbeträgen von je 300 000 Dollar die Gesamtsumme von 4,085 Millionen Dollar eingezahlt.

Das dritte amtliche Dokument: der *Mémorial du Grand Conseil de Genève* (Amtsblatt des Parlaments der Republik und des Kantons Genf). Aufgrund einer parlamentarischen Anfrage der Deputierten Erica Deuber-Pauli, die die Überschrift trägt: »Waschen von schmutzigem Geld – Gesellschaften in Genf – welche Maßnahmen sind zu ergreifen?«, findet am 24. Februar 1989 eine Nachtsitzung statt. Sie befaßt sich hauptsächlich mit den Affären Shammah und Mirelis.

Hier die wesentlichen Auszüge aus der Anfrage der Deputierten:

»[...] seit zweieinhalb Monaten erscheinen zahllose Presseberichte über die Umtriebe der internationalen Drogen- und Waffenhändler in der Schweiz sowie darüber, daß sich in unserem Land ein regelrechter Ring des organisierten Verbrechens eingenistet hat; darin fällt regelmäßig der Name Genfs; wie man liest, leben mehrere dieser Täter offenbar unbehelligt seit Jahren oder gar Jahrzehnten in Genf, ohne daß die Kantonsbehörden sich darum kümmern und ohne daß die Polizei nähere Ermittlungen anstellt.

Erstes Beispiel ist [...] Albert Shammah. Über seine Gesellschaft Mazalcor AG operiert er seit 1964 völlig straflos von Genf aus. Aufgrund der Mutmaßung, schmutziges Geld für die Drogenhändlerbande Soydan-Tirnovali zurückgeschleust zu hab   Italien unter Anklage, wurde

er im Oktober 1985 verhaftet und in Champ-Dollon eingeliefert. Das gleiche Ermittlungsverfahren führte die italienischen Richter zu der Shakarchi AG von Hans Kopp. Die
Verhaftung von Albert Shammah ist sorgfältig geheimge-
halten worden.

Da sich der Bundesanwalt gegen seine Auslieferung
aussprach, wurde Albert Shammah freigelassen. Wie aus
der Reportage von Jean-Claude Buffle hervorgeht, die
diese Woche in *L'Hebdo* erschienen ist, konnte er vollkommen straflos kompromittierende Spuren aus seinen
Akten entfernen, Dokumente verschwinden lassen, Konten aufheben, Beziehungen abbrechen. Albert Shammah
kann sich also weiterhin ungehindert in unserem Kanton
bewegen. Mehr noch, die Genfer Justiz hat sich geweigert, dem Untersuchungsrichter, der über die Soydan-
Tirnovali-Bande ermittelt, die von ihm angeforderten
Auskünfte bezüglich der Aktivitäten der Firma von Albert Shammah in Genf zu erteilen. Er ist anscheinend unantastbar.

Zweites Beispiel ist die Finanzgesellschaft Mirelis AG,
seit 1949 an der Corraterie ansässig, von zwei irakischen
Staatsbürgern gegründet und mit Vermögensverwaltungen
befaßt. Sie vermeidet, wie Sie wissen, jedes Bankgeschäft,
um nicht unter die Bestimmungen des Bundesgesetzes
über die Banken zu fallen und sich der Überwachung
durch die Eidgenössische Bankenkommission zu entziehen. Im Genfer Handelsregister ist sie als einfache Aktien-
gesellschaft eingetragen.

Nun unterliegt aber, wie Sie ebenfalls wissen, jede im
Handelsregister eingetragene Gesellschaft der staatlichen
Überwachung, die vor allem darin besteht, sicherzustellen,
daß die bei der Eintragung der Gesellschaft im Handelsregister angegebenen Aktivitäten mit dem, was sie tatsächlich treibt, übereinstimmen. Da die Mirelis AG aber von
vornherein wußte, daß sie sich nicht auf die in ihrem Han-

delsregistereintrag genannten Aktivitäten beschränken würde, hat sie schon 1949 dafür gesorgt, die Spitze ihrer Verwaltung mit politischen Persönlichkeiten aus den bürgerlichen Parteien zu besetzen [...], die sie gegenüber den örtlichen Behörden abschirmen. Diese Aufgabe können auch angesehene örtliche Rechtsanwälte erfüllen. Es ist, was das betrifft, festzustellen, daß die Genfer Firma von Albert Shammah, die Mazalcor AG, von 1964 bis 1968 denselben Mann zum Präsidenten hatte wie die Mirelis AG, nämlich den freisinnigen Genfer Nationalrat André Guinand.

Präsident der Mirelis AG ist heute der über jeden Verdacht erhabene Genfer Rechtsanwalt Fernand Haissly.[1] Zu den Verantwortlichen dieser Gesellschaft gehört sogar der Vorsitzende der Finanzkommission der Stadt Genf. Nun wird dieser Gesellschaft heute von der italienischen und der Tessiner Justiz vorgeworfen, wiederholt als Instrument zum Waschen von Drogengeldern gedient zu haben. Die Namen Mirelis AG und Albert Shammah fand man in den Notizbüchern der verhafteten türkischen Drogenhändler oder sie wurden von diesen bei Verhören durch Polizei und Justiz ›ausgeplaudert‹.

Die Mirelis AG ist, wie rund zwanzig weitere Finanzgesellschaften gleicher Art mit Sitz in Genf, Gegenstand einer unglaublichen Zahl gerichtlich angeordneter kommissarischer Vernehmungen – man spricht von dreiundzwanzig –, von denen die Genfer Justiz bislang nicht eine einzige durchgeführt hat. In den von amerikanischen und italienischen Behörden betriebenen Ermittlungsverfahren tauchen regelmäßig die Namen der Mirelis AG und dieser

---

1 Inzwischen ist er nicht mehr Präsident der Mirelis AG. Er wurde durch einen anderen Wirtschaftsanwalt ersetzt. (Anm. d. Verf.)

übrigen Gesellschaften auf, und zwar als Finanzinstitutionen, die beim Waschen von Narco-Dollars eine Schlüsselrolle spielen. Von den Genfer Behörden sind weder die genannte noch die übrigen jemals behelligt worden.

Gestern hat meine Kollegin Sylvia Leuenberger unmißverständlich erklärt, daß wir es nicht länger mit ansehen wollen, wie sich hier eine Perversion, ein Krebsgeschwür ausbreitet, hinter dem sich, wie in einer x-beliebigen Bananenrepublik, gedeckt von der Zustimmung des örtlichen Jet-set, der Duldung der Justiz und der Feigheit der politischen Klasse, die schändlichsten und kriminellsten illegalen Handelspraktiken verbergen. Unser demokratisches Genf hat etwas Besseres als das verdient. Ich will hier gar nicht erst von der flagranten Verletzung aller Grundsätze der Gerechtigkeit sprechen, die darin liegt, wie diesen Drogenhändlern, im Unterschied zu den Saisonarbeitern, den nicht begüterten Ausländern, Aufenthaltsgenehmigungen zuerkannt werden. Mag diese verabscheuungswürdige Praxis auch mit der Geschichte Genfs als Bankenplatz zu erklären sein, so sind wir doch nicht bereit, sie länger hinzunehmen, wenn es sich um organisiertes Verbrechen handelt.«

Staatsrat Bernard Ziegler, der dem Justiz- und Polizeidepartement (dem kantonalen Justizministerium) vorsteht, antwortet:

»Was die Affäre Shammah betrifft, so wurde sie 1985 von der Justiz geprüft und war Anlaß eines Auslieferungsverfahrens an Italien.

Herr Albert Shammah war, während dieses Auslieferungsverfahren lief, in Haft. Das Bundesamt für Polizeiwesen hat jedoch das Auslieferungsgesuch an sich gezogen. Es handelt sich also um eine Sache, die seinerzeit von den zuständigen Schweizer Behörden mit allem Nachdruck betrieben wurde, die aber ausging ›wie das Hornberger Schießen‹ [...].

Was die Mirelis AG betrifft, so habe ich den Polizeiakten entnommen, daß sie seit dem Jahre 1980, nach der Verhaftung eines türkischen Heroinhändlers, Gegenstand einer Reihe von Auskunftsersuchen gewesen ist, darunter auch von seiten der italienischen Behörden. Tatsächlich hat man bei dem türkischen Händler die Telefonnummer der Mirelis AG gefunden. Ein weiteres Auskunftsersuchen gab es 1983, als man dieselbe Telefonnummer im Besitz eines anderen Betäubungsmittelhändlers fand. Weitere Anfragen erfolgten 1984 und 1985, was die Bundesanwaltschaft im Laufe des Jahres 1985 veranlaßte, die Genfer Polizei um einen Bericht zu bitten, der ihr auch erstattet wurde. Auch der Waadtländer Untersuchungsrichter, Herr Châtelain, hat sich 1985 für diese Gesellschaft interessiert, was die Polizei veranlaßte, ihm einen Bericht zu schicken.

Die Bundesanwaltschaft hat 1986 ein weiteres Mal bei der Genfer Polizei wegen dieser Gesellschaft angefragt, ebenso wie das Bundesamt für Polizeiwesen. Die Genfer Justizbehörden haben sich 1986 für sie interessiert. Damals erhielt die Polizei ein Auskunftsersuchen von einem Genfer Untersuchungsrichter, dem einen Monat später ein weiteres Ersuchen von seiten eines anderen Untersuchungsrichters folgte. 1987 hat die Drug Enforcement Administration, die amerikanische Behörde zur Bekämpfung des Drogenhandels, um Auskunft über die Mirelis AG ersucht.

Derzeit läuft seit November 1981 aufgrund von Tessiner Rechtshilfeersuchen eine Vorermittlung, und die zuständige Untersuchungsrichterin, Frau Rossari-Jacquemoud, hat bereits zweimal eine Durchsuchung und Beschlagnahmungen in den Räumlichkeiten dieser Gesellschaft vorgenommen. Was die von der Tessiner Justiz veranlaßten kommissarischen Vernehmungen angeht, so führen unsere Justizbehörden gegenwärtig die entsprechenden Voruntersuchungen durch, und sie betreiben die Sache übrigens mit der gebotenen Eile. Ich kann Sie vollkommen beruhigen, Frau Deuber-Pauli! Wenn unsere Justizbehörden in solchen Affären nicht von sich aus ein Ermittlungsverfahren einleiten, dann geschieht es aus der Notwendigkeit heraus, es in unserem föderativen Staat einer einzigen Behörde zu überlassen – im Prinzip der ersten, die damit befaßt ist, beziehungsweise derjenigen, die die gewichtigsten Ermittlungen durchführt, in diesem Fall also den Tessiner Justizbehörden –, die gesamten Ermittlungen in einer Hand zusammenzufassen, damit die Verfahren nicht durch Verzettelung hinausgezögert werden. Ein in föderativ verfaßten Staaten bekanntes Problem. Die Ermittlungen müssen in der Hand einer einzigen Justizbehörde liegen, da man sonst eine beträchtliche Verzögerung der Strafverfahren erleben würde.

Ich denke, wir können den Tessiner Justizbehörden Vertrauen schenken, die schon bewiesen haben, daß sie bedeutende Finanzaffären zum Abschluß bringen können. [...]

Zur Zeit kann man noch nicht sagen, wie diese Verfahren ausgehen werden, denn sie befinden sich erst im Ermittlungsstadium. Ich kann Ihnen aber versichern, verehrte Frau Deuber-Pauli, daß die Genfer Justiz, die mit kommissarischen Vernehmungen betraut ist, diese Ermittlungen gründlich und mit aller gebotenen Eile betreibt. Eine ganze Reihe von Ermittlungsmaßnahmen wurde bereits ergriffen.«

12. Oktober 1989 in Quito: François Mitterrand hält eine Pressekonferenz. Um seinen Äußerungen größtmögliches Gewicht zu verleihen, legt er Wert auf die Feststellung, daß er nicht nur als französischer Staatschef, sondern auch als amtierender Präsident der Europäischen Gemeinschaft spricht.

Die Pressekonferenz dreht sich fast ausschließlich um den Kampf gegen das Waschen der Drogengelder. François

Mitterrand: »Ich habe die Zwölf der Europäischen Gemeinschaft aufgerufen, jeder möge einen Delegierten entsenden, der sich speziell mit diesem Problem befaßt. Diese zwölf Repräsentanten sollen Initiativen einleiten, damit dieses klar umrissene Problem nicht in den herkömmlichen Ministerien untergeht. Das geschieht bereits. Ich habe sehr darauf gedrungen.« An anderer Stelle sagt er: »Wir werden eine Strategie entwickeln, die Frankreich im Kampf gegen diese schreckliche Geißel eine Führungsrolle einräumt [...]. Es ist denkbar, daß es in allen [europäischen] Ländern erbötige Banken gibt. [...] Der Kern des Problems liegt jedoch nicht in Frankreich. [...] Über die Banken, die dafür in Frage kommen, habe ich so meine eigene Vorstellung.« (Diesen letzteren Satz wiederholt Mitterrand zweimal.) Später sagt er: »Ich bin dafür, alle Bankgeheimnisse aufzuheben.«[1]

François Mitterrands »eigene Vorstellung« ist leicht zu erraten. Doch in einem Punkt irrt der Präsident: In der Schweiz geht es nicht nur um das *Bank*geheimnis; das Geld der Agenten des Todes wird durch mehrere Geheimnisse geschützt, eines wirksamer als das andere.

Um es kurz zusammenzufassen:

1. Erstes Geheimnis: Der Agent des Todes, der sein Geld in der Schweiz waschen möchte, wendet sich zunächst an eine Anwaltskanzlei. Diese eröffnet in seinem Auftrag treuhänderisch ein Konto. Was heißt das? Die zur Eröffnung des Kontos erforderlichen Dokumente unterzeichnet der Anwalt im eigenen Namen, mit dem Hinweis, er handele im Auftrag eines Mandanten. Unter Berufung auf das Berufsgeheimnis wird er es ablehnen, diesen Mandanten beim Namen zu nennen.

---

1 Vgl. *Libération*, 13. Oktober 1989; Telex von AFP, 12. Oktober 1989.

Besorgt über die negative Reklame, welche die jüngsten Skandale mit sich gebracht haben, bemüht sich die Schweizerische Bankiervereinigung gegenwärtig, die Anwälte zu verpflichten, ein bestimmtes Formular zu unterzeichnen.[1] Darin müssen die Anwälte mehrere Dinge klarstellen, und zwar: daß der überwiegende Zweck des betreffenden Auftrags nicht die Vermögensverwaltung ist, sei es direkt oder indirekt (etwa durch eine eingeschaltete Gesellschaft); daß der Hauptzweck des Auftrags nicht darin liegt, den Namen des wirtschaftlich Beteiligten vor der Bank zu verheimlichen; und daß der Anwalt die Geschäfte, die über das Konto abgewickelt werden, überwacht wird. Trotz der dringlichen Vorhaltungen der Nationalbank und der Eidgenössischen Bankenkommission lehnt der Schweizerische Anwaltsverband die Unterzeichnung dieses Formulars ab. Rechtsanwalt Max P. Oesch, der Verbandssprecher, sagt: »Wehret den Anfängen«; nach seiner Ansicht steht die Wahrung des Berufsgeheimnisses auf dem Spiel.[2]

Von den 4019 Anwälten, die dem Verband angehören, leben schätzungsweise elf Prozent überwiegend von der Vermögensverwaltung. Besonders dramatisch ist die Situation in Städten wie Zürich und Genf. Beispiel: Genf. Als ich 1960 die Prüfung ablegte, um als Genfer Anwalt zugelassen zu werden, gab es in Genf rund 200 vereidigte, also in die Anwaltskammer aufgenommene Anwälte. Heute sind es über 700. Viele von ihnen machen ein Vermögen damit, daß sie für ihre Mandanten ein Nummernkonto

---

1 Dieses Formular lautet: »Erklärung bei der Eröffnung eines Kontos oder Depots durch einen schweizerischen Anwalt oder Notar, Formular B gemäß Artikel 5 der Übereinkunft zwischen der Nationalbank und der Schweizerischen Bankiervereinigung.«
2 Max P. Oesch in Bilanz, Oktober 1989. Viele Schweizer Anwälte sind allerdings mit der Haltung ihres Verbandes nicht einverstanden und wünschen sich sehnlichst eine moralische Aufwertung ihres Berufsstandes.

eröffnen (oder daß sie für sie die Eintragung im Handelsregister einer Immobilien- oder Handelsgesellschaft usw. vornehmen). Sie bilden eine gerissene Kaste, die gegenüber Richtern, Polizisten und Staatsanwälten zusammenhält.

2. Zweites Geheimnis: Dem Agenten des Todes, der bereits durch das Berufsgeheimnis seines Anwalts geschützt ist, widerstrebt es im allgemeinen, sein Geld direkt auf das Nummernkonto einer Bank einzahlen zu lassen. Von Natur aus mißtrauisch, zieht er es vor, zwischen Anwalt und Bank eine zusätzliche Sicherung einzubauen, und die bietet ihm eine Treuhandgesellschaft oder ein Vermögensverwalter. Auch hier haben die jüngsten Skandale und, mehr noch, eine gesunde Konkurrenzangst die Schweizerische Bankiervereinigung veranlaßt, von ihren Geschäftspartnern die Unterzeichnung eines Formulars zu verlangen, das eine Gewähr für die legale Herkunft der Mittel übernimmt. Die »Erklärung bei der Eröffnung eines Kontos oder eines Depots«, deren Unterzeichnung die Schweizerische Bankiervereinigung den Treuhändern und Vermögensverwaltern nahelegt, hat einen ähnlichen Wortlaut wie die oben erwähnte. Leider lehnen viele Vermögensverwalter und Treuhandgesellschaften es ab, sie zu unterzeichnen.

3. Drittes Geheimnis: das Bankgeheimnis (Artikel 47 des Bundesgesetzes über die Banken und Sparkassen[1]). Es umgibt die blutbefleckte Beute der Agenten des Todes mit einer fast undurchdringlichen Mauer.

---

1 Vgl. S. 26 oben.

7

Das Versagen der Justiz

*Das erste Zeichen des Sittenverfalls ist die
Verbannung der Wahrheit.*

Montaigne

Die Schweiz ist auch das Land Wilhelm Tells. Immer wieder gibt es hier einzelne Gerechte, mutige und kluge Kämpfer gegen die Korruption. Sogar in Zürich. Sogar bei der Polizei. 1985: Ein leitender Beamter der Kriminalpolizei Zürich verfaßt, begeistert von seinem Beruf, aber entmutigt durch die Feigheit seiner Vorgesetzten und zutiefst besorgt um die Zukunft seines Landes, einen zwanzigseitigen Bericht, der auf zehn auf eigene Faust durchgeführten Nachforschungen und Beschattungen basiert. Er deckt einen internationalen Ring von ungefähr fünfzig Personen auf, die mit Rauschgift handeln und schmutziges Geld waschen. Der einsame Diener der Gerechtigkeit schließt seinen Bericht so: »Wenn man die in dieser Untersuchung zusammengetragenen Elemente analysiert, dann tritt offen zutage, daß man es mit einer kriminellen Organisation zu tun hat, die den Drogenhandel in internationalem Maßstab betreibt.« Der Polizist war auf jenen türkisch-libanesischen Ring gestoßen, dessen Aufdeckung – vier Jahre später! – den Sturz der Justizministerin Elisabeth Kopp und des Bundesanwaltes Rudolf Gerber nach sich zog.

Der Bericht des Polizisten gibt einige wertvolle Aufschlüsse: Musullulu war es gelungen, einen seiner Männer als Dolmetscher bei der Zürcher Polizei einzuschleusen, so daß den verhafteten türkischen Drogenhändlern aktive Unterstützung von einem Helfershelfer zuteil wurde.

Was wurde aus dem Bericht des tapferen Kämpfers? Er verschwand in der Schublade. Und besagte Schublade befindet sich bei der Zürcher Staatsanwaltschaft.

Aber auch eine fest verschlossene Schublade kann auf Dauer die Wahrheit nicht einsperren: Eines Tages im August 1989 – genau neun Monate nach dem Fall des Hauses Kopp – informiert der *Tages-Anzeiger,* auf Seite eins über diesen Bericht.

Die Zürcher Staatsanwaltschaft beauftragt zwei ihrer Mitarbeiter, auf den in der Presse erhobenen Vorwurf der schier unglaublichen Untätigkeit zu antworten. Der erste, Hans Baumgartner, ist zumindest originell: »Dieser Bericht war äußerst brisant; er bewies, daß das organisierte Verbrechen bei uns Fuß gefaßt hatte.« Folglich war es ratsam, nicht daran zu rühren! Der zweite Staatsanwalt singt das alte Lied: der Bericht enthalte lediglich Indizien und keine Beweise.[1]

Was wurde aus dem scharfsinnigen Polizisten? Er verlor seine Stelle bei der Kripo! Entwaffnende Erklärung des Staatsanwaltes Bertschi: »Die Beziehung zu seinen Arbeitskollegen war gestört.«[2]

Viele Bürger wundern sich über das von der Justiz beharrlich zur Rechtfertigung ihrer Untätigkeit aufgetischte Argument: Die Akten beinhalteten lediglich Indizien, keine Beweise. Aber wenn es handfeste Indizien gibt, wie sie ständig von ausländischen Behörden an die Schweiz weitergegeben werden – muß man nicht spätestens dann

---

1 Baumgartner und Bertschi zitiert von Yves Lassueur, in »Révélation sous clé«, *L'Hebdo*, 17. August 1989.
2 ebd.

Ermittlungen einleiten? Warum wartet der Untersuchungsrichter (von Genf, Zürich usw.) in aller Seelenruhe darauf, daß eine mit unwiderlegbaren Beweisen gespickte Akte ihm in den Schoß fällt? Besteht seine Aufgabe nicht gerade darin, aufgrund der vorhandenen Indizien ein Ermittlungsverfahren zu eröffnen sowie die zu einer Anklageerhebung und Verurteilung der Todesagenten nötigen Beweise zu *suchen* und nicht auf sie zu *warten*. Mehrere Hypothesen wurden vorgebracht, um die bewußte Unkenntnis und bodenlose Gleichgültigkeit so vieler Schweizer Untersuchungsrichter, Staatsanwälte und Polizeibeamten zu erklären.

Erste Hypothese: »die völlige Überlastung der Richter«. Das Argument ist nicht aus der Luft gegriffen. Die 1536 gegründete Republik Genf ist ein kleiner Staat im Herzen Europas. Sie zählt 367 000 Einwohner, davon sind mehr als ein Drittel Ausländer. Heute ist diese Stadt eine der wichtigsten Metropolen der Welt für das Waschen von Drogengeld. Das organisierte Verbrechen breitet sich rasch im Immobilien-, Finanz-, Handels- und Dienstleistungsbereich aus. Wie sollte da ein traditionell so friedlicher, so harmonisch in das Gemeinwesen der Honoratioren integrierter Justizapparat sich über Nacht in ein effizientes Instrument der Verbrechensbekämpfung verwandeln? In eine Gruppe dynamischer, entschlossener, mutiger Frauen und Männer, die imstande sind, die Hydra anzugreifen und ihr Kopf um Kopf abzuschlagen? Sie müßten sich an höchst komplizierte Akten heranwagen, an zahlreiche internationale Verflechtungen. Sie müßten es mit zynischen, knallharten Angeklagten aufnehmen, die mit allen Schönfärbereien, Schlichen und Abgefeimtheiten der Branche vertraut sind. Und vor allem: Wie gegen die Scharen geschickter, skrupelloser, von den Bossen der Drogenkartelle für ein paar Millionen gekaufter Anwälte ankommen, die im Akkord Einsprüche vom Band lassen?

Unter diesen Bedingungen entscheiden sich die meisten Richter und Staatsanwälte fürs Abwarten. Die Verjährung ist eine schöne und nützliche Sache – vernichtet sie doch selbst die explosivste Akte. Man muß es nur verstehen, beide Augen zu schließen, sich die Ohren zuzuhalten und... abzuwarten. Und sollte aus der festverschlossenen Schublade, in der die Akte ruht, ein allzu ekelerregender Geruch aufsteigen, so kann der melancholische Staatsanwalt eine Kerze anzünden und über die Ohnmacht des Gerechten angesichts der Bösewichter meditieren.

Eine andere Hypothese muß ins Auge gefaßt werden: die Souveränität der Kantone in Justizangelegenheiten. Die Richter und Staatsanwälte werden nicht, wie etwa in Frankreich oder Deutschland, im Anschluß an eine Befähigungsprüfung von einem Minister ernannt. Vielmehr sind es die einzelnen Kantonsparlamente, die die Untersuchungsrichter, Staatsanwälte und Richter usw. wählen (und in regelmäßigen Abständen wiederwählen). Bei der Kandidatenaufstellung wechseln sich die verschiedenen in jedem Parlament vertretenen Parteien nach dem Rotationsprinzip ab. Die wesentliche Qualifikation eines Richters oder Staatsanwaltes besteht häufig darin, vom Vorstand seiner Partei nominiert worden zu sein...

In der Schweiz gibt es bedeutende Richter und Staatsanwälte. Mein Vater war Untersuchungsrichter und dann – über lange Jahre – Gerichtspräsident. Seine völlige geistige Unabhängigkeit, sein tiefes menschliches Verständnis und sein Gerechtigkeitssinn haben ihm in unserer Stadt große Beliebtheit eingetragen. Ich weiß aus Erfahrung, mit welchem Mut und welcher Gewissenhaftigkeit einige Richter ihren Beruf ausüben. Dennoch gilt, daß der Wahlmodus für die Richter und Staatsanwälte zutiefst unbefriedigend ist.

Keine der beiden angeführten Hypothesen scheint mir völlig überzeugend zu sein. Die Untätigkeit eines großen Teils der Schweizer Justiz gegenüber den Agenten des

des, die im eidgenössischen Emirat so prächtig gedeihen und ihr schmutziges Geld ungestraft transferieren und waschen, hat noch andere Gründe: die Untersuchungsrichter, Staatsanwälte, stellvertretenden Staatsanwälte, Polizeibeamten, die Beamten der Politischen Polizei, die Richter und so weiter sind Menschen wie Sie und ich. Sie haben ganz einfach Angst um ihr Leben und das Leben ihrer Angehörigen. Die Angst ist allgegenwärtig, sie hockt irgendwo in einem Schlupfwinkel, einem der Vernunft nicht zugänglichen Seelenbezirk. Dort schlummert das Untier. Der Richter wird nichts unternehmen, um es zu wecken. Vielleicht verschwindet es ja, wenn man es einfach vergißt.

Übertreibe ich? Nein. Im Juni 1989 empfängt der italienische Richter Falcone in Sizilien zwei seiner Schweizer Kollegen. Zwei außergewöhnlich mutige Richter des Sottoceneri, die in der Schweiz dem Rechtshilfeersuchen des italienischen Richters entsprochen und sich einen im Tessin und in Sizilien tätigen Ring von Agenten des Todes vorgeknöpft hatten. Falcone arbeitet in einem regelrechten Bunker in Palermo, in dem er auch mit seiner Familie lebt. Er selbst, seine Angehörigen und seine Gäste benutzen ausschließlich gepanzerte Fahrzeuge, die stets von Spezialfahrzeugen mit schwerbewaffneten Carabinieri eskortiert werden. Falcone, seine Familie, seine Büroangestellten und seine Ermittlungsbeamten gehören zu den am meisten gefährdeten und darum auch zu den am besten beschützten Personen Europas.

Die beiden Schweizer Richter und Falcone arbeiten, von ihren Teams unterstützt, unablässig das ganze Wochenende hindurch – sie nehmen Tausende Seiten von Dokumenten unter die Lupe, hören sich unzählige Tonbänder an. Dienstag, der 20. Juni, ist ein glühendheißer Tag. Bevor die Schweizer zurückfliegen, möchten sie an diesem Abend noch im Meer baden. Die Sonne versinkt bereits hinter dem Horizont. In Begleitung ihrer italienischen

Freunde klettern sie in eine kleine versteckt gelegene Bucht hinab. Die Carabinieri suchen den Strand ab und entdecken eine Tasche, die sich ganz in der Nähe jener Stelle befindet, wo die Richter ins Wasser gehen wollen. Die Bombe wird entschärft. Offensichtlich war ein Maulwurf der Drogenhändler in den Justizpalast eingeschleust worden.

Den beiden Schweizer Richtern und ihren italienischen Kollegen ist wie durch ein Wunder nichts geschehen. Ihre Hartnäckigkeit erfüllt mich mit Bewunderung. Aber, leider, sind sie innerhalb des aufgeblähten Schweizer Justizapparates Ausnahmen.

Was kann gegen dieses Versagen der Justiz unternommen werden? Ich sehe im wesentlichen zwei Möglichkeiten.

1. Die internationale Rechtshilfe muß erleichtert werden. Der Feind hat viele Gesichter und ist mächtig. Er setzt sich geschickt über nationale Grenzen hinweg. Die westlichen Rechtsordnungen hingegen sind von der Rechtsgeschichte und der besonderen Mentalität eines jeden Landes geprägt; deshalb versteht sich die Zusammenarbeit dieser Systeme nicht von selbst. Sie schafft konzeptionelle, institutionelle und verfahrenstechnische Probleme. Konflikte und Antinomien sind die Regel; Gegenseitigkeit und Übereinstimmung die Ausnahme. Die Agenten des Todes wissen das: Mit Bedacht bauen sie ihre kriminellen Organisationen so auf, daß sich deren verschiedene Aktivitäten auf Staatsgebieten mit unterschiedlichen Rechtsordnungen abspielen. Beispiel: Die Raffinationslaboratorien befinden sich nur ausnahmsweise in den Ursprungsländern des Rohstoffes (Kokainpaste, Morphinbase usw.); ein Baron, der oberste Chef eines Kartells, wohnt im seltensten Fall in dem Gebiet, in dem seine Großhändler operieren; das Waschen des Geldes, seine Rückschleusung beziehungsweise seine

Hortung erfolgen in jenen Staaten, in denen der Drogenkonsum gering ist und eine immer stark gefährdete Pusherorganisation so gut wie nicht existiert. In dieser von den Agenten des Todes geschaffenen internationalen Arbeitsteilung fällt der Schweiz im wesentlichen die Aufgabe zu, die Gewinne zu hehlen und zu reinvestieren.

Die Praxis der internationalen Rechtshilfe sieht nun konkret so aus: Ein Untersuchungsrichter, ein Rauschgiftfahnder, ein französischer, italienischer oder amerikanischer Staatsanwalt, dem es gelungen ist, den internationalen beziehungsweise – was öfter geschieht – den globalen Organisationsplan einer kriminellen Vereinigung zu rekonstruieren, und der Beweise dafür hat, daß auf Schweizer Nummernkonten die ganze oder ein Teil der Beute liegt, wendet sich zunächst an den Justizminister seines Landes. Dieser leitet das Rechtshilfeersuchen an den Außenminister weiter.

Das Ersuchen bittet im allgemeinen um die vorübergehende und vorsorgliche Zwangsverwaltung des oder der fraglichen Konten. Es kann sich aber auch um ein einfaches Amtshilfeersuchen handeln: Der ausländische Richter bittet die Schweizer Behörden, die eine oder andere Person vorzuladen, zu vernehmen und ihm dann die Antworten mitzuteilen.

Der Außenminister (Frankreichs, Italiens, der Vereinigten Staaten) übermittelt das Ersuchen des (französischen, italienischen, amerikanischen) Richters auf diplomatischem Wege an die Schweiz. In der Schweiz erhält das Bundesministerium für auswärtige Angelegenheiten die Dokumente und leitet sie an das Bundesamt für Polizeiwesen weiter, das wiederum dem Eidgenössischen Justiz- und Polizeidepartement untersteht.

Dieses Amt ist eine Verwaltungsbehörde. Es handelt nach den Anweisungen des Bundesrates und entscheidet, ob das ausländische Ersuchen formell zulässig ist oder nicht. Mit anderen Worten: Das Amt bestimmt, ob die Rechtshilfe gewährt oder ob sie versagt wird.

Entschließt man sich, dem Ersuchen zu entsprechen, dann geht die Akte an den (General)Staatsanwalt des betreffenden Kantons. Dieser bestimmt einen Untersuchungsrichter, der sich – grundsätzlich – an die Arbeit macht. Der kantonale Untersuchungsrichter nimmt Verhaftungen vor, ordnet polizeiliche Nachforschungen und die einstweilige Zwangsverwaltung von Konten an.

Gegen jede dieser Entscheidungen kann die betroffene Partei – das heißt die Agenten des Todes – Widerspruch beim Bundesgericht in Lausanne einlegen. In Drogenangelegenheiten bewilligt das Bundesgericht in der Regel die Rechtshilfe, weist den Agenten des Todes ab und erklärt so die Maßnahmen des Kantonsrichters für rechtskräftig.

Wie aber erklärt es sich dann, daß eine so große Zahl von internationalen Rechtshilfeersuchen im Getriebe der Bürokratie verlorengehen?

Die erste Hürde erhebt sich natürlich auf der Ebene des Bundesamtes für Polizeiwesen: Die Schweiz verfolgt nur solche Straftaten, die unter das Prinzip der Gegenseitigkeit fallen. Im Klartext: Soll das Amt tätig werden, muß die in dem ausländischen Ersuchen angeführte Straftat im Schweizer Strafgesetzbuch stehen. Nun sind aber die Bildung einer kriminellen Vereinigung und Steuerflucht in der Schweiz keine Straftatbestände; ganz zu schweigen von der fahrlässigen Hehlerei des Drogengeldes. Das Schweizer Gesetzbuch kennt keine kriminelle Vereinigung; die Steuerflucht – Waffe Nummer eins der amerikanischen Justiz in ihrem Kampf gegen die Schieber – ist keine strafbare Handlung, sondern lediglich ein Verstoß.

Die Berner Bürokraten lassen folglich mit dem besten Gewissen eine stattliche Anzahl von Bitten um Rechtshilfe im Sande verlaufen. Die Protektion der Großkunden der

Emire, der Devisenhändler, der Treuhandgesellschaften, der Wirtschaftsanwälte und so weiter funktioniert reibungslos – weil geeignete Gesetze fehlen, die es erlaubten, dem international anerkannten Prinzip der Gegenseitigkeit Geltung zu verschaffen. Erstes Heilmittel also: die völlige Neufassung des Schweizer Strafgesetzes. Wir werden später die enormen Hindernisse betrachten, die sich einer solchen Reform in den Weg stellen.

2. Wenn, wie durch ein Wunder, eine Anfrage um Rechtshilfe bis zum Generalstaatsanwalt eines Kantons vordringt – mit anderen Worten: wenn das Bundesamt für das Polizeiwesen entscheidet, sich der Sache anzunehmen –, dann scheitert das Ersuchen des ausländischen Richters sehr oft an der Unfähigkeit des kantonalen Untersuchungsrichters.

Ich möchte hier nicht die Untersuchungsrichter unserer Kantone schlechtmachen. Sie arbeiten häufig unter altertümlichen Bedingungen. Unter ihnen gibt es viele entschlossene Männer und Frauen, die sich über die schwierigen Bedingungen ärgern, unter denen sie arbeiten müssen.

Denn anders als in Deutschland und Frankreich gibt es in den Schweizer Kantonen keine spezialisierten Untersuchungsrichter[1]. Der Doyen des Kollegiums der Untersuchungsrichter jedes Kantons vergibt die Fälle in der Reihenfolge, wie sie bei ihm auf dem Schreibtisch landen. Folge: Die Untersuchungsrichter – vor allem die in Genf, Basel, Zürich und dem Tessin – ersticken förmlich unter den Aktenbergen. Sie befassen sich gleichzeitig mit einer

---

1 Es gibt allerdings zwei Ausnahmen: Die Kantone Basel und Zürich haben jeweils einen Untersuchungsrichter, der auf Rechtshilfefragen spezialisiert ist.

Vielzahl von Fällen – vom Kaufhausdiebstahl bis zum Waschen schmutzigen Geldes[1], vom Verkehrsunfall bis zum Raubmord. Ein einziges Beispiel: Am Morgen des 10. Oktober 1987 entdeckt ein Zimmermädchen des Hotels »Beaurivage«, einer Luxusherberge am Quai Wilson in Genf, in der Badewanne eines Appartements die vollständig bekleidete Leiche des Ministerpräsidenten von Schleswig-Holstein, Uwe Barschel. Claude-Nicole Nardin, eine junge Untersuchungsrichterin, wird mit dem Fall betraut. Sie erkennt auf Selbstmord. Die internationale Presse entfesselt daraufhin eine Kampagne gegen sie und prangert die zahlreichen »Lücken und Widersprüche« der Untersuchung an.[2] Die Spuren im Fall Barschel wiesen tatsächlich in die verschiedensten Richtungen: Waffenschmuggel, Erpressungen, Morddrohungen usw. Kurz, eine außerordentlich komplexe Akte über eine der mächtigsten Persönlichkeiten der bundesdeutschen CDU. Aber in den vierzehn Monaten, die die Ermittlungen in der Tragödie Barschel in Anspruch nahmen, mußte Claude-Nicole Nardin noch 85 weitere Akten bearbeiten...

Auch hier ließe sich leicht Abhilfe schaffen: Es müßte unverzüglich eine Kommission von Bundesuntersuchungsrichtern ins Leben gerufen werden, deren Kompetenz sich auf das gesamte Staatsgebiet erstrecken würde. Ihnen würden von Amts wegen jene Rechtshilfeersuchen vorgelegt, die das organisierte Verbrechen und das Waschen des Drogengeldes betreffen. Diese Richter neuen Typs gibt es bereits in Italien. Sie werden von Finanzex-

---

1 Um die Akten des schmutzigen Geldes zu prüfen, fehlt den Untersuchungsrichtern jede logistische Unterstützung. Dazu brauchte die Polizei Finanzexperten (wie etwa in Deutschland) und Mitarbeiter, die die Bilanzen und Steuererklärungen wirklich analysieren können.
2 November 1989: Das Genfer Berufungsgericht macht sich die meisten dieser Vorwürfe zu eigen und läßt den Fall Barschel erneut aufrollen.

perten und Ermittlungsbeamten unterstützt, die auf die Zerschlagung internationaler Organisationen des Rauschgifthandels spezialisiert sind. Es sind die sogenannten »Super-Richter« [1]. Dieses Amt wurde 1982 eingerichtet, um die kalabrische und sizilianische Mafia zu bekämpfen. Beispiel: Falcone. Ihre Erfolge sind beeindruckend.

Um in der Schweiz eine Gruppe von Richtern mit ähnlichen Befugnissen zu schaffen, genügte es, die Strafprozeßordnung teilweise zu revidieren. Wir werden später auf die Hindernisse zu sprechen kommen, die dem entgegenstehen.

---

1 Über die Arbeitsweise dieser italienischen Super-Richter vgl. die Arbeiten von Pino Arlacchi, Direktor des Instituts für Soziologie von Cosenza, später von Florenz, insbesondere *Mafiose Ethik und der Geist des Kapitalismus* (dt. 1988).

ZWEITER TEIL

Ein blutbefleckter Garten

1

Die Schatzinsel der Diktatoren

Der türkische Dichter Nazim Hikmet, der seine demokratischen Überzeugungen mit achtzehn Jahren Gefängnis bezahlte, machte gegen Ende seines Lebens eine Reise durch die Schweiz. Er schickte seiner Lebensgefährtin folgendes Gedicht:

»(...) Du kennst die Schweiz, meine Rose,
man sagt, sie sei die stumme Kasse
　　　der Gelder, die man von irgendwoher und
　　　irgendwie weggeschafft hat.
(...) Warum habe ich so etwas geschrieben über die
　　　Schweiz?
Vielleicht weil ich neidisch bin
　　　auf den kleinen Garten inmitten der blutigen Wüste.
Die Blumen des kleinen Gartens,
　　　sind nicht auch die Blumen ein wenig
　　　mit unserem in der Wüste fließenden Blut
　　　bewässert worden,
　　　werden noch bewässert?
Und werden in ruhigen, verschneiten Nächten
　　　die Sterne der Schweiz
nicht auch ein wenig von unseren Tränen gewaschen,
zum Leuchten gebracht?«[1]

Das eidgenössische Emirat ist der Tresor der Welt. In den Ali-Baba-Höhlen seiner Bankfestungen lagert nicht nur die Beute der Kartelle von Medellín und Cali, der iranischen und libanesischen Drogenhändler, der New Yorker, der sizilianischen und kalabrischen Mafia, sondern auch der Schatz der wohlhabenden herrschenden Schichten Afrikas, Asiens und Lateinamerikas.

Welche Beziehung besteht zwischen dem schmutzigen Drogengeld und dem Kapital, das widerrechtlich aus der Dritten Welt abfließt? Beide werden von denselben Emiren mit Hilfe der nämlichen Bankmethoden gewaschen und in den Geldmarkt rückgeschleust. Häufig handelt es sich um dieselben Organisationen, die dieses Kapital – über Kontinente hinweg – transferieren und in die Schweiz einschleusen. Es sind dieselben Finanzanalytiker, Vermögensverwalter, Anlageberater und Börsenmakler, die das aus der Dritten Welt abgeflossene Kapital und das schmutzige Drogengeld reinvestieren.

Die drogenabhängigen Jugendlichen auf den Straßen von New York, Mailand und London fallen der Geschäftstüchtigkeit eines Drogenbarons wie Pablo Escobar zum Opfer, der seine Gewinne in der Schweiz waschen und rückschleusen läßt. Auf den Philippinen, in Brasilien, in Zaire sterben die Kinder zu Tausenden an Unterernährung; andere müssen sich prostituieren, werden von ihren Eltern einfach ausgesetzt oder sterben an Krankheiten. Bedeutende einheimische Kapitalwerte werden in die Schweiz geschafft, statt an Ort und Stelle für den Bau von Krankenhäusern und Schulen sowie die Schaffung neuer

---

1 (S. 123) Nâzim Hikmet, *Die Luft ist schwer wie Blei – Hava Kurşun Gibi Agî*. Aus dem Türkischen von Helga Dağyeli-Bohne und Yildirim Dağyeli, Zweisprachige Ausgabe, Frankfurt 1988, S. 217/219.

Arbeitsplätze verwendet zu werden. Man schleust dieses Kapital in den Geldmarkt zurück, um es dann in die Bodenspekulation in Paris, Rom und Tokio zu reinvestieren, oder man legt es an den Börsen von New York, London und Zürich an.

Die finanzielle Ausplünderung der Dritten Welt und der Drogenhandel sind zwei tödliche Machenschaften, die katastrophale gesellschaftliche, psychische und auch materielle Folgen heraufbeschwören. Beide profitieren von der anerkannten Kompetenz, der fachkundigen Unterstützung und der effizienten Komplizenschaft der eidgenössischen Emire.

Aber die ausgebluteten Völker Lateinamerikas, Afrikas und Asiens sind immer weniger bereit, die Tyrannen, die sie unterdrücken, zu dulden.

1. Die Philippinen

1986 fälscht Ferdinand Edralin Marcos einmal mehr die Ergebnisse der nationalen Wahlen. Einmal zuviel... Ein Volksaufstand fegt über Manila hinweg. Am 25. Februar frühmorgens ordnet der Befehlshaber der Schutzmacht Amerika die Evakuierung an: Hubschrauber der amerikanischen Luftwaffe landen auf dem Rasen vor dem Präsidentenpalast Malacañang. Sie bringen Marcos' Ehefrau Imelda, ihn selbst und 83 Verwandte und Vertraute auf die amerikanische Militärbasis Subic Bay. Ferdinand Marcos stirbt am Donnerstag, dem 28. September 1989, in einem amerikanischen Militärhospital auf Hawaii.

Der asiatische Despot ist sein Leben lang ein nahezu idealer Kunde der eidgenössischen Emire gewesen: Er ist ungeheuer reich, und seine Raffgier ist geradezu pathologisch. Die Transferierung seiner Reichtümer bereitet keinerlei Probleme, denn der Kleptokrat ist ja selbst an der

Macht. Zudem spielt er die ganze Zeit mit seinen amerikanischen und japanischen Freunden ein doppeltes Spiel. Da er auch noch ein zutiefst widersprüchlicher Mensch ist, läßt er sich leicht beeinflussen. Die Emire können ihn nach Belieben rupfen, ihm drakonische Investitions- und Rückschleusungsbedingungen diktieren.

Ferdinand Edralin Marcos wird 1917 in Ilocos Norte, im äußersten Norden des philippinischen Archipels, geboren und wächst in bescheidenen Verhältnissen auf. Die Einwohner dieser Provinz sind verschlossen, fleißig und gerissen. Ihre Haupttätigkeit sind Schmuggelgeschäfte mit Taiwan und Hongkong. Die drei Namen des Kindes deuten auf die Tragödie seiner Geburt hin: Ferdinand Chua, ein reicher chinesischer Kaufmann, verliebt sich in das Mädchen Josefa Edralin. Josefa ist schön, lebenslustig und intelligent, aber arm. Außerdem ist sie Filipina. Der Chua-Klan widersetzt sich der Heirat; Ferdinand Chua heiratet später eine reiche chinesische Erbin aus Fujian. Das ist das Ende der Beziehung. Aber Josefa ist schwanger. Ihre Familie ist fest in dem traditionell katholischen Milieu des Nordens verwurzelt, einem frömmlerischen, unerbittlichen Milieu, das die uneheliche Geburt des Kindes nicht verzeiht. Man sucht verzweifelt einen Mann für die Sünderin und einen Vater für das Kind. Ein Schüler aus dem Dorf – gerade vierzehn Jahre alt und arm wie eine Kirchenmaus – kommt da wie gerufen: Mariano Marcos. Gewalttätig, ausgekocht und ehrgeizig, wird er das soziale Vorbild des Kindes, das an seiner Seite aufwächst.

Der junge Ferdinand und der Mann, den er lange für seinen Vater hält, gehören fast zur selben Generation, so daß sich zwischen ihnen eine innige Verbundenheit entwickelt. 1935 wird Mariano als Kandidat bei den Parlamentswahlen aufgestellt. Er unterliegt. Der Gegenkandidat, ein wohlhabender Händler und Schmuggler aus demselben Ort, demütigt die Familie – ja er wagt es sogar, einen Sarg unter den Fenstern ihres Hauses spazieren zu tragen. Einige Tage darauf findet man den neugewählten Abgeordneten von Ilocos Norte in einem Straßengraben – mit einer Kugel im Kopf.

Der achtzehnjährige Ferdinand wird verhaftet, angeklagt und wegen Mordes verurteilt.

Mariano sorgt drei Jahre später dafür, daß er auf freien Fuß gesetzt wird. Einer seiner Freunde, José Laurel, der selbst schon einen Mord auf dem Gewissen hat, ist unterdessen Richter am zuständigen Berufungsgericht geworden.

Ferdinand ist attraktiv, gewandt und intelligent. Er schließt sein Jurastudium in Manila mit einem Prädikatsexamen ab und wird ein begehrter Anwalt.

Im Alter von ungefähr zwanzig Jahren entdeckt Ferdinand das Geheimnis seiner Geburt und nimmt Kontakt mit seinem leiblichen Vater auf. Seine guten Beziehungen zum mächtigen chinesischen Clan des Archipels ebnen ihm den Weg zu einer atemberaubenden politischen Karriere: er wird zunächst Abgeordneter, dann Senator, darauf Präsident des Senats und schließlich, 1965, Staatschef.

Zwei Episoden in Marcos' Leben verdienen besondere Aufmerksamkeit. Während der japanischen Okkupation ist er Anführer einer illegalen Widerstandsgruppe, genannt »Maharlika«, die gegen die Besatzer kämpft, Schmuggel und Waffenhandel treibt. Aber Marcos ist zu schlau, um nur auf eine Karte zu setzen. So verrät er, als japanischer Agent, zahlreiche seiner Kameraden. Gleich nach der Befreiung wird er von den amerikanischen Behörden verurteilt, entgeht mit knapper Not dem Strick – und wird zum Schützling der neuen Besatzungsmacht.

Zweite Episode: 1954 lernt der junge Abgeordnete Imelda Romualdez kennen. Imelda ist Schauspielerin, Sängerin und Schönheitskönigin. Die Enkelin eines katholischen Priesters durchlebte eine demütigende und entbehrungsreiche Kindheit und Jugend. Entsprechend groß ist ihr Wunsch nach Rache. Dieser richtet sich vor allem auf die einheimische Oligarchie von Plantagenbesitzern, Bankiers und Großkaufleuten, die seit dem Sieg der amerikanischen Truppen über die spanischen Kolonialherren, 1898, den Archipel beherrschen. Ferdinand teilt den Haß Imeldas auf diese Oligarchie.

Imelda und Ferdinand sind ein gefährliches Paar: Marcos, der begnadete, agitatorische und demagogische Redner, wird von den Massen verehrt, Imelda, die in den Slums Reis und Kleider verteilt, von den Armen geliebt. Bis 1972 wird Marcos ohne Schwierigkeiten wiedergewählt. Dann kommt die große Wende: Der Haß auf die reichen Schichten macht die beiden blind. Ihre Gier nach Palästen, Schmuck und Geld ist grenzenlos – sie plündern im wahrsten Sinne des Wortes das gesamte Land aus. Marcos verwandelt sich langsam in einen asiatischen Despoten, Imelda in eine Lady Macbeth. Marcos liebt die Frauen; er ist großzügig: Carmen Ortega und ihre drei Kinder – eine der vielen Parallelfamilien des polygamen Marcos – zählen heute zu den reichsten Clans von Manila.

Am 23. September 1973 verhängt der Despot den Ausnahmezustand, der bis 1986 in regelmäßigen Abständen erneuert wird. General Ver, Chef des Geheimdienstes und Geschäftsfreund von Marcos, führt die Folter ein und beseitigt Oppositionelle. Marcos, der auf seine amerikanischen Schutzherren, die auf dem Archipel ihre größte Luftwaffen-, Marine- und Heeresbasis in Asien unterhalten, Druck ausübt, pflegt zugleich ausgezeichnete Beziehungen mit der nationalistischen Rechten Japans, die er während des Krieges unterstützt hatte. Kurz: Seine Zukunft scheint gesichert. Die eidgenössischen Emire sind sich sicher, auf das richtige Pferd gesetzt zu haben.

Doch kehren wir zu jenem Morgen des 25. Februar 1986 zurück, als die amerikanische Schutzmacht den Kleptokra-

ten fallenläßt und eine Frau aus der Oligarchie im Malacañang-Palast einzieht, Cory Aquino, die Witwe eines von
Marcos am 21. August bei seiner Rückkehr auf die Philippinen ermordeten Oppositionsführers. Noch am Tag
ihrer Zwangsevakuierung nach Subic Bay werden Marcos,
sein Hof und seine Familie nach Hawaii ausgeflogen. Unmittelbar nach dem Verlassen des Flugzeuges in Honolulu
nähern sich FBI-Beamte Marcos und seiner Begleitung und
beschlagnahmen ihr gesamtes Reisegepäck, in denen sich
die Decknamen, die Nummern und die Listen mit den
Banken der über die ganze Welt verstreuten Konten befinden. Das FBI übersendet diese Dokumente an die neue
philippinische Präsidentin, Cory Aquino.

Die Überlegungen Präsident Reagans sind ebenso einfach wie einleuchtend: Drei Guerillaarmeen, zwei davon
im raschen Vormarsch, bedrohen die noch nicht gefestigte
proamerikanische Regierung von Frau Aquino. Der Erfolg
dieser einheimischen Guerilla, die vom Ausland keine nen-
nenswerte Unterstützung erfährt, basiert im wesentlichen
auf dem unvorstellbaren Elend der Familien in halbfeuda-
len ländlichen Gebieten und in den proletarisierten Städten. Wenn Cory Aquino überleben will, muß sie schleu-
nigst gewaltige soziale Investitionen in den Städten vornehmen, eine konsequente Agrarreform einleiten und für
die Rückgabe der Zuckerrohrplantagen an ihre ursprüng-
lichen Besitzer sorgen. Das alles kostet mehrere hundert
Millionen Dollar. Präsident Reagan sieht nicht ein, warum
der amerikanische Steuerzahler für diese neuen Superkre-
dite aufkommen sollte, während Milliarden Dollar, die
Marcos und seine Sippe auf die Seite geschafft haben, in
aller Stille in den Schweizer Banken schlummern.

Aber, wie bereits gesagt, gegen die Emire kann die
Schweizer Regierung nichts ausrichten. Sie ist sogar noch
hilfloser als ein Neugeborenes. Die Banken sind unein-
nehmbare Festungen. Es gibt kein Gesetz, das es dem Staat,

der Regierung oder dem Parlament erlauben würde, auch nur die geringste Information über die Identität des Kontoinhabers, die Höhe der Einlage oder die Herkunft des auf die Nummernkonten fließenden Kapitals zu erhalten.

Der von Präsident Reagan, dem FBI und dem amerikanischen Finanzminister ausgeübte Druck wird zunehmend stärker. Der Bundesrat versucht sich herauszureden und seine seltsame Ohnmacht zu erklären: Seit einigen Jahren würden die amerikanischen Behörden unerhört rauhe Töne gegenüber der Schweiz anschlagen... Damit läßt sich die Reagan-Administration aber nicht abspeisen, und sie fordert ultimativ, unter Androhung wirtschaftlicher Sanktionen, die Sperrung der Konten und anschließend die Rückerstattung der von dem Kleptokraten aus Manila gestohlenen Milliarden.

Eine wahrhaft shakespearsche Tragödie bahnt sich im Regierungssitz zu Bern an: Ob's edler im Gemüt, gegen Schweizer Gesetze zu verstoßen, die Emire gegen sich aufzubringen, sich bei den Amerikanern Liebkind zu machen und die Konten zu sperren – oder – sich wappnend gegen eine See von amerikanischen Sanktionen, das Bankgeheimnis zu schützen sowie die Schweizerische Kreditanstalt und den Schweizerischen Bankverein und so weiter in aller Ruhe den Schatz an Marcos und seine Hofschranzen aushändigen zu lassen?

Die Erleuchtung kommt schließlich am 24. März 1986, spätabends, während des Galadiners, das die Regierung zu Ehren des Präsidenten der Republik Finnland, Koivisto, in dem großen mittelalterlichen Saal des Rathauses von Bern gibt. Die Stimmung unter den Bundesministern ist gedrückt: Die amerikanischen Pressionen – telefonische Mahnungen, diplomatische Schritte, die immer konkretere Androhung eines Einfuhrverbotes für Schweizer Waren in die Vereinigten Staaten – haben sich seit dem Wochenende noch verstärkt. Die Gäste setzen sich zu Tisch. Botschafter

Mathias Krafft, der kluge Chef der Völkerrechtsabteilung im Außenministerium, erhält von den Sicherheitskräften die Erlaubnis, den Festsaal zu betreten. Er geht geradewegs auf Pierre Aubert, den Außenminister, zu und überreicht ihm einen Zettel. Aubert liest und neigt sich dann freudestrahlend zu seinem Nachbarn, dem Schweizer Bundespräsidenten Alphons Egli. Kaum sind die letzten Reden gehalten und das Dessert verspeist, versammelt Egli auch schon seine Kollegen im Empfangssaal des Rathauses, wo das Diner stattgefunden hatte. Der Bundesrat beschließt, mit sofortiger Wirkung sämtliche Guthaben des Kleptokraten, seiner Familie und seiner Freunde bei allen Banken, die sich auf Schweizer Boden befinden, vorläufig einzufrieren. Ein Erdbeben! Zum erstenmal in der mehrhundertjährigen Geschichte des Landes wird ein solcher Beschluß gegen die Emire gefaßt. Noch in derselben Nacht wird ihnen die schlechte Nachricht von Vertrauenspersonen in der Regierung telefonisch mitgeteilt. Ein Kommuniqué wiederum unterrichtet offiziell die sprachlose Öffentlichkeit am Mittwoch, dem 26. März.

Die juristische Grundlage dieses kühnen Beschlusses? Ganz einfach die Bundesverfassung. In ihrer Präambel wird Gott als höchste Instanz angerufen: »Im Namen Gottes des Allmächtigen! Die Schweizerische Eidgenossenschaft, in der Absicht den Bund der Eidgenossen zu festigen und die Einheit, Kraft und Ehre der schweizerischen Nation zu erhalten und zu fördern, ...« usw.
Artikel 102, Absatz 8, verpflichtet den Bundesrat: »Er wahrt die Interessen der Eidgenossenschaft nach außen, wie namentlich ihre völkerrechtlichen Beziehungen, und besorgt die auswärtigen Angelgenheiten überhaupt.«

Gezwungen, sich entweder für die Wahrung »auswärtiger« oder die »innerer« Interessen zu entscheiden, hat der Bundesrat in einem Moment geistiger Klarheit für erstere optiert.

Ferdinand Marcos hat 23 Jahre im Malacañang-Palast residiert. Von 1973 an konnte er seine Macht nur dadurch aufrechterhalten, daß er die Gewerkschaften, die Kirche und die Bauernverbände brutal unterdrückte; gewichtige Oppositionelle systematisch eliminierte; methodisch die Folter einsetzte und häufig Männer, Frauen und Jugendliche spurlos »verschwinden« ließ, die es wagten, ein Wort der Kritik an seinem Größenwahn, seiner Gewaltherrschaft und seinem unentwirrbaren Netz von Korruption zu äußern.[1]

Und so organisierte der Kleptokrat die Ausbeutung seines Volkes:

1. Alljährlich entnahm Marcos den Kassen der Zentralbank und den Fonds für die Geheimdienste Geldbeträge im Wert von umgerechnet mehreren Millionen Dollar.

2. Innerhalb von zwanzig Jahren hat die ehemalige Besatzungsmacht Japan an die Regierung in Manila mehrere hundert Millionen Dollar an Kriegsreparationen gezahlt. Marcos zweigte bei jeder Überweisung etwas für sich ab.

3. Die Philippinen gehören zu den 35 ärmsten Ländern der Welt. Die Weltbank, verschiedene Sonderorganisationen der Vereinten Nationen und private Hilfswerke haben im Laufe der Jahre mehrere zehn Millionen Dollar gespendet und weitere Millionen in zahlreiche sogenannte Entwicklungsprojekte investiert. Marcos, sein Hof und seine Komplizen haben sich mit schöner Regelmäßigkeit von quasi jedem Kuchen etwas abgeschnitten, bei jedem Projekt etwas beiseite geschafft.

4. Die lästige Widerspenstigkeit seines hungernden Volkes zwang Marcos 1973 dazu, den Ausnahmezustand zu

---

1 Eine Analyse des Marcos-Systems und seines Zusammenbruchs liefert das lesenswerte Buch von Lewis M. Simons, *The Philippine Revolution, Worth Dying for*, New York, William Morrow Editor, 1987.

verhängen und ihn alljährlich zu erneuern. Da er selbst alle Schaltstellen der Macht kontrollierte, bediente er sich der Armee, um Hunderte von Plantagen, Handels- und Immobiliengesellschaften sowie Banken, die seinen Kritikern gehörten, zu besetzen und die Inhaber zu enteignen; den Besitz verteilte er dann an seine eigenen Generäle, Günstlinge und Handlanger. Viele Gesellschaften und Plantagen gelangten auf diese Weise direkt in die Hände der Familien von Marcos und Imelda.

Aber der selbstherrliche, raffgierige und grausame Marcos war auch ein Mann mit Weitblick. Über die Gefühle, die sein Volk für ihn hegte, machte er sich kaum Illusionen. Ein Konsortium eidgenössischer Emire half ihm jedes Jahr, seine Beute in Sicherheit zu bringen. Einer von ihnen, Hauptdirektor bei der Schweizerischen Kreditanstalt, wurde sogar eigens als Sonderberater an den Hof des Satrapen von Manila abgestellt, um diesen fortlaufend über die diskreteste und wirkungsvollste Methode zu informieren, sein Kapital ins Ausland zu schaffen und dort zu reinvestieren.

Wie hoch ist der Gesamtbetrag der vor allem nach Europa und in die Vereinigten Staaten abgeflossenen Gelder? Nach einer seriösen Schätzung beläuft sich der bei der Schweizerischen Kreditanstalt und ungefähr vierzig weiteren Schweizer Banken hinterlegte Betrag auf 1 bis 1,5 Milliarden Dollar.[1]

Die Tarnung des Vermögens von Marcos und seiner Familie erfolgte nach einer komplizierten Strategie. Der nach Manila entsandte Emir und sein Stab waren (seit 1968) ausschließlich dafür zuständig, das Geld außer Landes zu schaffen und rückzuschleusen. Es gelingt ihnen sogar, täg-

1 Vgl. *Le Monde*, vom 4. November 1989.

lich mit dem Kleptokraten in Verbindung zu treten, auch dann noch, als er (vom März 1986 an) in der amerikanischen Luftwaffenbasis Hickham auf Honolulu interniert ist. Zunächst lenkte man diesen Strom schmutzigen Geldes auf verschiedene Nummernkonten bei der Schweizerischen Kreditanstalt in Zürich. Erster Waschgang. Dann transferierte man die Summen an die Treuhandgesellschaft »Fides«, wo der Schatz ein zweites Mal seine Identität wechselte. Schließlich, der dritte Waschgang: Fides öffnet seine Schleusen, der schmutzige Strom verästelt sich – diesmal in Richtung Liechtenstein. Dort verschwinden die Bäche in sorgsam vorbereiteten »Sickerbecken«, den berüchtigten *Anstalten*. Nach dem aktuellen Stand der Ermittlungen gibt es mindestens elf davon. Alle tragen poetische Namen: »Aurora«, »Charis«, »Avertina«, »Wintrop« und so fort.

Pikantes Detail: Um den Kapitaltransfer zu rationalisieren, ernennt Marcos 1978 einen Direktor der Schweizerischen Kreditanstalt zum Generalkonsul der Philippinen in Zürich!

In seinem Briefwechsel mit den Emiren verwendet Marcos für sich (von 1968 an) den Decknamen »William Sanders« und für seine Frau den Namen »Jane Ryan«. Für dieses mysteriöse Paar Sanders-Ryan gründen die Schweizer Bankiers zahlreiche Investmentgesellschaften, kaufen sie einige hundert Immobilien in Paris, Genf, Manhattan und Tokio und tätigen mehrere hunderttausend Börsengeschäfte.

Trotz der sprichwörtlichen Finesse der eidgenössischen Emire übersteht das amerikanische Imperium von Sanders-Ryan den Sturz des Potentaten nicht unbeschadet. Die New Yorker Justiz leitet ein Strafverfahren gegen Ryan-Imelda an. Man wirft ihr vor, auf amerikanischem Staatsgebiet für mehr als 100 Millionen Dollar Waren für private Zwecke gekauft und die Rechnungen mit Geldern aus der philippinischen Staatskasse bezahlt zu haben. Zahlreiche auf die gleiche Weise von Sanders-Ryan (oder ihren Deckgesellschaften) erstandene Immobilien werden amtlich versiegelt. Die amerikanischen Richter – was für eine Unverfrorenheit! – lassen sogar durch Interpol einen der vornehmsten Strohmänner des gestürzten Kleptokraten verhaften: den saudischen Milliardär Adnan Kashoggi. Er wird an einem Morgen im Mai 1989 aus seinem Bett im Berner Luxushotel »Schweizerhof« geholt und in das Zentralgefängnis von Bern gebracht, wo er bis zu seiner Auslieferung an die Vereinigten Staaten bleibt.

Was aber geschieht mit dem in der Schweiz versteckten Schatz? Die Vereinigten Staaten üben massiven Druck aus. Zum ersten Mal seit Bestehen des eidgenössischen Banksystems verfügt ein mächtiger Kläger über genaue Dokumente, die die Existenz und den kriminellen Ursprung der Konten sowie die Identität der Konteninhaber nachweisen. Die übliche Masche und bequeme Ausrede der Schweizer Behörden, die sich auf die Unverletzlichkeit des Bankgeheimnisses berufen und vorgeben, von nichts zu wissen, verfängt nicht länger. Gelobt sei die reaktionäre republikanische Administration von Präsident Reagan! Ihre Rücksichtslosigkeit zahlt sich aus. In fünf Schweizer Kantonen werden auf Ersuchen der philippinischen Regierung Verfahren zur Rückgabe der gestohlenen Vermögenswerte eingeleitet.

Cory Aquino, die von der amerikanischen Schutzmacht hervorragend beraten wird, beauftragt drei anerkannte Politiker und Anwälte mit der Wiederbeschaffung der Beute: Guy Fontanet aus Genf, ehemaliger Staatsrat und Nationalrat der Christdemokraten; den Zürcher Moritz Leuenberger, Nationalrat der Sozialdemokraten, und aus Locarno den Nationalrat Sergio Salvioni von den Freisinnigen. Diese redlichen und erfahrenen Männer sind heute mit ihrem Latein am Ende. Denn die Steuerberater, das

Netz der Vermögensverwalter des eidgenössischen Bankenkonsortiums haben bewundernswerte Verschleierungsarbeit geleistet.

Manila ist die asiatische Hauptstadt der Kinderprostitution.[1] Millionen von landwirtschaftlichen Saisonarbeitern leben in völliger Armut. Ihre Kinder kämpfen ums nackte Überleben. Hunderttausende Familien auf den Inseln Luzon, Mindanao und Cebu werden von Unterernährung und endemischen Krankheiten heimgesucht. 1988 belief sich das Bruttosozialprodukt gerade auf 35 Milliarden Dollar. (Im Vergleich zu ungefähr 133 Milliarden Dollar in der Schweiz.) Zwei Drittel der 58 Millionen Filipinos leben in »absoluter Armut« – wie sich die Weltbank verschämt ausdrückt.

Besteht für diese gepeinigten Kinder, Frauen und Männer auch nur die geringste Aussicht, die von Marcos und seiner Bande geraubten Dollars jemals wiederzusehen? Ehrlich gesagt, ich glaube nein. Ganze Regimenter fähiger und glänzender Anwälte stehen im Dienste von Marcos und 29 weiterer Inhaber vorläufig gesperrter Konten. Sie legen am laufenden Band Beschwerde ein, und sei es auch gegen die geringfügigste Verfahrensentscheidung des unbedeutendsten Distriktrichters, der in der Regel der juristischen Komplexität des Falles nicht gewachsen ist.

Der Kommentar von *Bilanz*, dem wichtigsten Wirtschaftsmagazin im deutschsprachigen Raum, zu der Tragikomödie, die sich gegenwärtig vor den Kantonsgerichten abspielt: »Regelmäßig gerät die Schweiz in den Geruch, amtierenden oder gefallenen Diktatoren als Schatzkammer zu dienen...«[2]

---

1 Vgl. Jean Dallais, *Philippines: les enfants du mépris*, Paris, Fayard, 1989.
2 *Bilanz*, Zürich, März 1989, S. 113.

Nach drei Jahren Gerichtsverhandlung, ernsten Warnungen seitens der Anwälte Fontanet, Leuenberger und Salvioni, amerikanischem Druck, Zwischenurteilen, Berufungsverfahren, Einsprüchen, Pressekonferenzen, journalistischen Nachforschungen, Geständnissen einzelner Vermögensverwalter, wachsender Unruhe und zunehmendem Gesichtsverlust der Schweizer Bundesregierung ist noch kein einziger Pfennig an die Philippinen zurückgeflossen.

Am 28. Juni hat die Kammer für öffentliches Recht des Bundesgerichts, des höchsten Gerichts der Eidgenossenschaft, ein erstaunliches Urteil gefällt: Im Anschluß an einen erneuten Einspruch, den die Anwälte der wichtigsten Hehler des unrechtmäßigen Vermögens von Marcos und seiner Familie eingelegt haben, blockiert die Kammer die internationale Rechtshilfe. Guy Fontanet, der zwölf Jahre lang Justizminister des Kantons Genf gewesen war, weiß, wovon er spricht, als er mir sagt: »Das Schweizer Gesetz ist kein Rechtshilfe-, sondern ein Rechtsbehinderungsgesetz«[1].

Der unerwartete Tod von Marcos im Herbst 1989 ändert nichts an der Situation: Seine Haupterben, die selbst zu den Personen gehören, die von der philippinischen Regierung schwer belastet werden, treten einfach an seine Stelle. Eine Änderung gibt es jedoch: Wie wenig kooperativ sich die Schweizer Justiz auch zeigt, wenn die philippinische Regierung über ihre Schweizer Anwälte die Rückgabe der geraubten Vermögenswerte einfordert, so sehr kommt sie den Vereinigten Staaten entgegen, wenn diese Kontobelege anfordern. Ein am 2. November 1989 ergangenes Urteil des Bundesgerichts läßt in dieser Hinsicht nichts an Klarheit vermissen: Diesmal muß das höchste Gericht über die

---

1 Persönliche Mitteilung von Guy Fontanet, 4. November 1989.

Aufhebung des Bankgeheimnisses in einem Fall entscheiden, in dem es um 100 Millionen Dollar amerikanischer Entwicklungshilfe an die Philippinen geht. Die amerikanische Justiz, die annimmt, daß diese Gelder unterschlagen und auf Privatkonten von Marcos in Zürich und Genf geflossen sind, stellt ein internationales Rechtshilfeersuchen. Vor die schmerzliche Wahl gestellt, Imelda zu gefallen oder der amerikanischen Aufforderung nachzukommen, entscheidet sich das Bundesgericht für die zweite Möglichkeit: Es ordnet an, daß die betroffenen Banken die erwünschten Informationen über die Rückschleusung unterschlagener Gelder liefern müssen.[1]

2. Die Haitianer

Frühjahr 1986: ein weiterer Diktator stürzt. »Baby Doc« Duvalier wird wie ein Dieb aus seinem Palast in Port-au-Prince gejagt. Das gleiche Szenario: Die nordamerikanische Schutzmacht von Haiti beschlagnahmt eine große Anzahl von Dokumenten, die sich im Gepäck des Flüchtlings befinden, und übergibt sie den neuen Machthabern. Duvalier, seine Familie und die Familie seiner Frau hatten die Devisenreserven der Nationalbank angezapft, die Staatsunternehmen geplündert, Importlizenzen zum eigenen Vorteil verkauft und so weiter.

Juni 1986: Ein internationales Rechtshilfeersuchen erreicht das Bundeshaus in Bern. Gleiche Verlegenheit. Gleiche amerikanische Drohungen. Präsident Reagan verlangt die Rückgabe der Gelder an den Staat Haiti, der nach vierzig Jahren Duvalier-Herrschaft völlig ausgeblutet ist. Be-

---

1 Vgl. *Le Monde* vom 4. November 1989.

drängt von dem mutigen sozialdemokratischen Finanzminister Otto Stich, ist der Bundesrat schließlich gezwungen, die vorläufige Zwangsverwaltung der Konten von Duvalier und Co. bei den Schweizer Banken anzuordnen.

Diesmal befindet sich der größte Batzen des Raubgutes in Genf. Die mächtigsten Schweizer Banken – Schweizerischer Bankverein, Schweizerische Bankgesellschaft, Schweizerische Kreditanstalt und so weiter – praktizieren in der Tat eine vernünftige Arbeitsteilung zwischen ihren Filialen. Zürich schluckt die Fluchtgeldströme aus Asien und dem Nahen Osten; Genf jene aus Afrika, der Karibik und Lateinamerika.

Das notleidende Volk von Haiti hat wie das philippinische Volk kaum Aussichten, sein Vermögen wiederzuerlangen. Dank dem eisernen Widerstand der Banken – man nennt dies »seinen Kunden mit allen Mitteln verteidigen« – wird keinem der vielen gegen Duvalier und seine Familie angestrengten Verfahren eine Erfolgschance eingeräumt. Unterdessen machen sich »Baby Doc« und sein Clan auf den sanften Hügeln des südfranzösischen Grasse in aller Seelenruhe ein schönes Leben.

3. Die Zairer

Der Fall von Joseph Désiré Mobutu liegt anders, denn bei ihm handelt es sich um einen nach wie vor (seit 1965) amtierenden Staatschef. Mobutu steht mit einem gewissen Nello Celio ein tatkräftiger Berater zur Seite. Als Wirtschaftsanwalt, Mitglied des Verwaltungsrats der Schweizerischen Kreditanstalt, dann Finanzminister, schließlich Bundespräsident, ist Celio seit langen Jahren einer der erfolgreichsten und bestbezahlten Emire. Aufgrund seines scharfen Verstandes und seines persönlichen Charmes ist er zugleich einer der gefährlichsten.

Das Volk von Zaire ist ein Bettler, der auf einem Haufen Gold sitzt. Das 2,3 Millionen Quadratkilometer große zairische Territorium ist eine wahre Schatzkammer. Multinationale Bergwerks-, Bank- und Handelsgesellschaften plündern in bestem Einvernehmen mit der einheimischen Führungsschicht systematisch das Land aus. In Kinshasa (über drei Millionen Einwohner), Kisangani und Lubumbashi können sich die Familien der einfachen Beamten nur noch eine Mahlzeit pro Tag leisten. 1988 betrug die jährliche Inflationsrate mehr als 100 Prozent. Das Haushaltsdefizit übersteigt fünf Prozent des Bruttosozialprodukts. Ende 1987 beliefen sich die Auslandsschulden auf über 7 Milliarden Dollar. In seinem Geburtsort Gbadolite, einem kleinen Nest am großen Fluß im tiefsten Dschungel, der sich von der »Cuvette«, nordwestlich des Kongos, über die Ebenen der Bateke bis nach Gabun und an den Atlantik erstreckt, hat der Marschall ein regelrechtes Versailles aus dem Urwaldboden gestampft. 37000 Einwohner, Hütten aus Stroh und gestampfter Erde – aber auch: Tag und Nacht erleuchtete Boulevards, eine schier endlose Reihe von Palästen, Gästehäusern, Schwimmbädern, eine Coca-Cola-Fabrik, ein gigantisches, fünfzehn Kilometer außerhalb des Ortes, in Mobayi am Oubangui-Fluß, gelegenes Wasserwerk, eine Kathedrale, in der jesuitische Patres dem hochbegabten Nachwuchs des Clans gregorianische Gesänge beibringen, ein ultramoderner Flughafen, auf dem täglich eine Boeing 737 im Direktflug aus Kinshasa landet.

Das amerikanische State Department[1] schätzt das Privatvermögen, das Mobutu im Ausland deponiert hat, offiziell auf 5 Milliarden Dollar. Das durchschnittliche jährliche Pro-Kopf-Einkommen beläuft sich demgegenüber auf 180

---

1 zitiert in *Libération*, 6. Dezember 1988.

Dollar, womit Zaire das achtärmste Land der Erde ist. Unterernährung, Korruption, Elend und polizeiliche Repression fordern täglich ihre Opfer. Angesichts der bewährten Allianz von westlichem Kapital und Regierung einerseits, der Schwäche, Korruptheit und Konzeptionslosigkeit einiger Grüppchen exilierter oder im Untergrund arbeitender Oppositioneller andererseits ist der Horizont des zairischen Volkes düster: an ihm zeichnen sich nur neue Leiden, erneute Demütigungen und tiefe Verzweiflung ab.

Mobutu, der frühere Spitzel der belgischen Kolonialpolizei, ist einer der schillerndsten und raffiniertesten Staatschefs, den die stürmische Geschichte der Entkolonisierung hervorgebracht hat. Er erfreut sich solider ausländischer Protektion und ist auch bereit, den Preis dafür zu zahlen. Sein Verhandlungsgeschick ist unübertroffen. Ein Beispiel: Anläßlich eines seiner vielen »Privatbesuche« in Washington (im Februar 1987) schließt Mobutu mit dem Pentagon ein Abkommen, in dem er den Vereinigten Staaten den Militär- und Luftwaffenstützpunkt Kamina in Shaba langfristig verpachtet. Seither organisieren die Amerikaner von Kamina aus ihre logistische Unterstützung für die angolanische Terrororganisation UNITA. Als Gegenleistung (außer den Devisenzahlungen als Pachtgeld) schließt man mit der Regierung Mobutu im Mai desselben Jahres ein neues Umschuldungsabkommen über die Auslandsschulden. Obwohl das Regime für seine korrupte Wirtschaftspolitik allgemein bekannt ist, gelingt es ihm dennoch, 1987 beim Internationalen Währungsfonds einen Kredit über 370 Millionen Dollar zu ergattern.

Das System der sogenannten »inneren Sicherheit« ist furchterregend: Die von Israeli und Franzosen ausgebildeten Luftlandetruppen, die Mobutu, seine Regierung und seine Familie schützen, stammen fast alle aus der »Cuvette«, der ehemaligen Äquator-Provinz. Mobutu, der nicht nur über mehrere Präsidentenpalais, sondern auch über eine Luxusjacht und einige Landhäuser verfügt, schläft meist dort, wo er arbeitet: mitten im Lager der Fallschirmspringer in Kalina (einem westlichen Viertel von Kinshasa).

Im Gegensatz zu den meisten seiner Amtskollegen aus dem Nahen Osten, Asien und Afrika vermeidet es Mobutu peinlichst, wichtige Funktionen in Staat und Gesellschaft mit Verwandten und Freunden zu besetzen. Er ordnet eine *Rotation* der Kader von Regierung, Einheitspartei und Wirtschaft an: In regelmäßigen Abständen wird die gesamte Führungsequipe der Staatsunternehmen, der Ministerien, der Partei, der Provinzgouverneure usw. entlassen und durch neue Mannschaften ersetzt, die sich nun ihrerseits dazu ermächtigt fühlen, sich hemmungslos zu bereichern. Korruption, Amtsmißbrauch, Veruntreuung von Staatsgeldern (durch Monopolisierung von Import- und Exportlizenzen usf.) werden solchermaßen zum festen Bestandteil der Regierungsstrategie. Dieses System sichert den Fortbestand der Diktatur. Jeder Clan, jeder große Stamm und jede Sippe kann hoffen, sich eines Tages an den öffentlichen Geldern schadlos halten zu können. Dazu genügt es zu warten, schön brav zu bleiben und ein Minimum an Regimetreue zu zeigen.[1]

Manchmal geschieht etwas Unerwartetes. Beispiel: Der in Europa lebende regimekritische zairische Student Nguzà Karl-i-Bond wird zum Botschafter ernannt und nach Washington entsandt. Nguzà Karl-i-Bond wird 1977 Premierminister. Später wird er plötzlich entlassen. Da er es nicht verwindet, in Ungnade gefallen zu sein, geht er ins Exil nach Brüssel, wo er ein leidenschaftliches Pamphlet

---

1 Es versteht sich von selbst, daß diese Rotation weder Mobutu noch seine engsten Verwandten betrifft.

gegen den »Tyrannen« verfaßt, mit europäischen antiimperialistischen Intellektuellen Kontakt aufnimmt und so tut, als verhandele er mit den Vereinigten Staaten über den Aufbau einer Exilregierung. Damals schrieb er mir einen von Empörung erfüllten Brief, in dem er mich eindringlich um ein sofortiges Treffen in Genf und um Unterstützung bei der öffentlichen Anprangerung des Regimes ersuchte. Drei Monate später beschließt der erbitterte Regimekritiker, nach Kinshasa zurückzukehren. Ein paar von Geheimboten überbrachte Dollarbündel, die Aussicht, bald wieder in einem klimatisierten Mercedes herumkutschiert zu werden, eine luxuriöse Dienstvilla zu bewohnen und noch reicher zu werden, haben ihn weichgemacht. Der zurückbeorderte Karl-i-Bond wird Außenminister und dann erneut Premierminister.

In diesem Zusammenhang erinnere ich mich noch an einen anderen Vorfall. Genf, an einem Frühlingstag: Der unumschränkte Herrscher von Zaire, Marschall Mobutu Sese Seko, steigt aus seiner privaten Boeing, die auf dem Flughafen Genf-Cointrin gelandet ist. Roter Teppich, die gewohnten Lobhudeleien der eidgenössischen Regierungsvertreter am Fuße der Gangway. Mit seinem Barett aus Leopardenfell (das seine Abstammung von den kongolesischen Mwami anzeigen soll), seiner schwarzen Jacke im nordkoreanischen Stil (die von der kostspieligen Kunst der Pariser Modeschöpfer den letzten Schliff bekommen hat) und tadellosen Bügelfalten schreitet der Marschall, gefolgt von seinen schmierig grinsenden Hofschranzen, durch die Empfangshalle des Flughafens dem Ausgang zu. Seine Leibwächter rennen die nervösen Genfer Polizisten einfach über den Haufen. Dann setzt sich an diesem strahlenden Frühlingsnachmittag eine Kolonne schwerer, zum Teil gepanzerter Mercedes-Limousinen Richtung Hotel »Noga-Hilton«, Quai Wilson, in Marsch.

Mobutu, sein Hof, seine Leibwächter und seine Frauen

sind auf Privatbesuch. Zwei seiner Kinder studieren an der Genfer Universität. Der Marschall wird einige Nächte im »Noga-Hilton« wohnen, bei seinem Freund, dem Spekulanten, Erdöl- und Baumwollmakler Nessim Gaon. Anschließend wird er sich zur »Erholung« auf sein Anwesen in Savigny begeben, einem riesigen herrschaftlichen Landsitz oberhalb von Lausanne. Aber zunächst einmal empfängt Mobutu seine Genfer Bankiers. Währenddessen räumen seine Minister, Freunde, Offiziere und Frauen die Luxusboutiquen in der Rue du Rhône aus, plündern sie die Juweliere des Quai des Bergues, wobei sie die Perlenketten, Diamantenbroschen, Rolex-Uhren und Goldringe mit ganzen Bündeln von 1000-Schweizerfranken-Scheinen bezahlen, die Bankangestellte kurz zuvor den Leibwächtern zugesteckt hatten.

Vor dem Hotel schwenken ein paar Dutzend Exilzairer, mit dem Rücken am Ufergeländer lehnend, Transparente, auf denen ungeschickt gemalte, abgedroschene Slogans stehen: »Nieder mit dem Tyrannen!«, »Weg mit der Folter!«. Die Schweizer, die an diesem schönen Nachmittag spazierengehen, machen einen weiten Bogen um die Schar der Exilanten. Plötzlich stürmt aus dem Hoteleingang ein Trupp bewaffneter zairischer Gorillas, die über die Studenten herfallen. Es sind echte Profis: Die Jugendlichen versuchen zu fliehen, aber die Kraftprotze erwischen einen nach dem anderen. Jeweils zu dritt umzingeln sie die Studenten, werfen sie zu Boden und treten sie mit den Füßen. Ihre Gewalttätigkeit nimmt solche Ausmaße an, daß ein empörter Sicherheitsbediensteter des Hotels die Genfer Polizei alarmiert. Zwei Polizisten kommen. Sie greifen nicht ein. Die in den Bäumen der Uferpromenade hängenden Fetzen der Protesttransparente schaukeln melancholisch im sanften Nachmittagswind.

Die Handlungsweise der Leibwächter des Marschalls ist ganz und gar illegal: Die Studenten demonstrierten friedlich auf einer öffentlichen Straße. Mehrere Studenten suchen später das Polizeirevier in der rue Pécolat auf und erstatten Anzeige wegen Körperverletzung. Keine dieser Anzeigen wird Erfolg haben. Wie ein Passant so schön sagte: »Die Neger haben sich gegenseitig die Fresse poliert...«

Mobutu ist einer der reichsten Männer der Welt: In seinem riesigen Land gibt es umfangreiche Diamanten-, Mangan-, Kobalt-, Uran- und Kupfervorkommen. Da ein Großteil seines Vermögens in den Kellern Schweizer Banken lagert, kassieren die örtlichen Emire saftige jährliche Provisionen auf den Schatz des zairischen Staatschefs. Kurz: Es gibt keinen Dienst, den die Schweizer Behörden dem angesehenen Kunden der großen Banken verweigern würden. Wenige Tage später werden einige der Demonstranten in ein Flugzeug der Swissair verfrachtet – in Handschellen, die sie den ganzen Flug über tragen müssen. Ziel der Reise: der Ndjili-Flughafen in Kinshasa. Die zairische Geheimpolizei nimmt die Abgeschobenen beim Verlassen des Flugzeuges in Empfang. Der Urlaub von Mobutu Sese Seko hat jetzt erst richtig begonnen.

Bei seiner Abreise aus der Schweiz, drei Wochen später, erfuhr ich aus den Zeitungen – die voller Bewunderung sind –, daß der Marschall einen schweren Lastwagen mieten mußte, um den Berg von »Geschenken« und Gegenständen aller Art, die seine Begleiter während ihres Aufenthaltes am Ufer des Genfer Sees angesammelt hatten, zu seiner Boeing zu befördern.

Postskriptum: Einem meiner Studenten an der Universität Genf, Alphonse Maza, zairischer Flüchtling und aktives Mitglied der demokratischen Opposition, verweigerte man in der Schweiz politisches Asyl. Nach Zaire abgeschoben, entwischte er seinen Bewachern auf dem Flughafen Rom-Fiumicino und kehrte heimlich in die Schweiz zurück, wo er verhaftet und fast ein Jahr lang inhaftiert wurde. Dann schob man ihn erneut ab: diesmal nach Kuba. Begründung der Regierung in Bern: Man habe es mit einem gefährlichen Unruhestifter zu tun, dessen kriminelle Aktivitäten die Sicherheit des Staates gefährdeten. Die von ihm begangenen Straftaten waren nach den Worten des Justizministers so gravierend, daß sie weder Mazas Anwalt noch Maza selbst, noch seinem Solidaritätskomitee mitgeteilt wurden, ja nicht einmal den Abgeordneten, die wissen wollten, was es mit dem Fall auf sich habe.

Nach dem Sturz von Elisabeth Kopp verlangte die Geschäftsprüfungskommission des Nationalrates Einblick in die Akte: Sie war völlig leer.

2

Der Moloch

In seiner Untersuchung über die *Natur und die Ursachen des Nationalreichthums* schreibt Adam Smith 1776: »*Wealth like health is taken from nobody*« (»Reichtum raubt wie Gesundheit niemandem etwas«).

Irrtum! Die Hunderte Milliarden Dollar, die aus Zaire, den Philippinen oder Brasilien abfließen und – in Schweizer Franken umgewandelt – in Kellern unter der Bahnhofstraße von Zürich, der Via Canova von Lugano und der Corraterie von Genf schlummern oder über Treuhänderkonten wandern, bevor sie in die Börsenmärkte zurückgepumpt werden, sind das Blut und das Elend der Völker dieser drei Kontinente. Während in Afrika, Lateinamerika und Asien die Kinder sich prostituieren und jämmerlich verhungern, Familien zerbrechen, Männer und Frauen vergeblich ein Dach über dem Kopf oder einen Arbeitsplatz suchen, häufen sich in der Schweiz die durch Korruption, Steuerflucht und Ausplünderung aufgelaufenen Milliarden der »Führungseliten« dieser Länder.

Philippe de Weck, prinzipientreuer Adliger aus Fribourg, strenggläubiger Katholik und ehemaliger Vorstandssprecher der Schweizerischen Bankgesellschaft, war zweifellos lange Jahre einer der mächtigsten eidgenössischen Emire. Um so wertvoller ist sein Zeugnis.

Kaum ist er im Ruhestand, bekehrt er sich auf wundersame Weise. Journalisten, die ihn nach seiner Meinung über die gewaltige Kapitalflucht aus den ärmsten Ländern der Dritten Welt fragen, antwortet er tatsächlich: »Diese Flucht ist nicht wünschenswert.« In bezug auf Brasilien meint er: »In Brasilien ist die Lage katastrophal. Ein viel zu großer Teil des Staatshaushalts dient dazu, ein Heer von nichtstuenden Beamten zu unterhalten, die die anderen am Arbeiten hindern. Man hält Staatsbetriebe am Leben, die nicht wettbewerbsfähig sind, nur damit sie exportieren können. Korruption, Ausbeutung und Menschenverachtung sind die Kennzeichen dieses Regimes. Gesundheits- und Erziehungswesen liegen brach, während einige Superreiche im Luxus schwelgen.«

Auf die Frage nach einer möglichen Lösung antwortet Philippe de Weck: »Die korrupten Führungsschichten – wie etwa in Brasilien – müßten hinweggefegt werden, und an ihrer Stelle müßten Leute mit einer sauberen Weste von einer Welle allgemeiner Zustimmung an die Macht getragen werden.«[1]

Im Juni 1987 besucht der argentinische Präsident Raul Francisco Alfonsín die Schweiz. Er möchte, daß die Gelder, die die Juntageneräle bei den Schweizer Banken deponiert hatten, an Argentinien zurückerstattet werden.[2] Verzweiflungstat eines Präsidenten, dessen Land von der Last seiner Auslandsschulden erdrückt wird. Er hätte sich die Reise sparen können... Nachdem sich die eidgenössischen Emire kategorisch weigern, auf seine Bitten einzugehen, gibt Alfonsín eine ebenso traurige wie überflüssige Pressekonferenz: »Argentinische Privatleute haben 20 Milliarden Dollar auf Privatkonten im Ausland deponiert. Das

---

1 Philippe de Weck, in *Tribune de Genève*, 2. Juni 1989; und in *L'Hebdo*, 27. Juli 1989.
2 Argentinien wurde zwischen dem 20. März 1976 und dem 10. Dezember 1983 von vier aufeinanderfolgenden Militärjuntas ruiniert.

entspricht einem Drittel der Auslandsschulden meines Landes.«

Die 122 Staaten der Dritten Welt mußten 1988 zur Tilgung ihrer Schulden eine Geldsumme an die Schweizer Banken abführen, die höher war als der Gesamtbetrag an Krediten, die diesen Ländern im selben Jahr zur Verfügung gestellt wurden. Um diese Schulden abzutragen, müssen die Regierungen Afrikas, Asiens und Lateinamerikas aber immer drakonischere Sparmaßnahmen ergreifen.

Die UNICEF schätzt, daß jährlich 500 000 Kinder in der Dritten Welt dieser Sparpolitik zum Opfer fallen.

Was ist mit den Milliarden aus dem Waschen der Drogengelder? In den Großstädten Europas und Amerikas siechen Hunderttausende Kinder dahin, zerbrochene Familien, verzweifelte Eltern; allein die Ladung des türkischen Lastzugs, der dank der selbstmörderischen Kühnheit des Blonden Sam in Bellinzona abgefangen wurde, hätte ausgereicht, 140 Millionen Heroin-shoots herzustellen.[1]

Die Immobilienspekulation richtet die großen Schweizer Städte zugrunde. Allein in Genf fehlen mehr als 7000 Wohnungen; die Mieten sind derart hoch, daß selbst die Mittelschicht sie nicht mehr bezahlen kann. Die Stadt ist in der Hand einiger Blutsauger. Die großen multinationalen Banken, die in Fluchtkapital schwimmen, schlagen sich regelrecht darum, sie bis zu 120 Prozent zu finanzieren: Da sie im wahrsten Sinne des Wortes nicht mehr wissen, was sie mit ihrem Geld anfangen sollen, strecken sie den Spekulanten nicht nur den gesamten Kaufpreis des begehrten Objektes vor, sondern auch die Notariats- und Eintragungsgebühren sowie die Steuern![2] Die Korruption der

---

1 Vgl. S. 30.
2 Seit Oktober 1989 ist ein Bundesgesetz in Kraft, das diese Praxis einzudämmen sucht.

afrikanischen, asiatischen und lateinamerikanischen Potentaten hat also zwei fatale Konsequenzen: Sie tötet die Armen in der Dritten Welt und sie vernichtet Wohnraum, den die Schweizer dringend benötigen.

Die rasche Zunahme von spekulativem und vagabundierendem Kapital bereitet allen Industrieländern Kopfzerbrechen. Dazu der französische Premierminister Michel Rocard: »Vor vierzig Jahren entsprach der Wert der Finanztransaktionen ungefähr dem Handelsvolumen. Heute ist dieser Wert vierzig- bis fünfzigmal so hoch. Finanztransaktionen sind kostenlos, lassen sich blitzschnell veranlassen (...) Wir sitzen auf einem Vulkan.«[1]

In der Schweiz ist der Vulkan besonders aktiv. Es werden keinerlei Zahlen veröffentlicht – und das mit Grund! Doch räumt man ein, daß hier die Wertdifferenz von Finanztransaktionen und Handelsvolumen noch weitaus größer ist, als die von Michel Rocard angeführte.

Wie die europäische Bourgeoisie zur Zeit des internationalen Sklavenhandels, so betreiben auch die eidgenössischen Emire mit Vorliebe das Dreiecksgeschäft. Deshalb beschäftigt die Iran-Contra-Affäre, die im April 1989 mit der Verurteilung von Oberst Oliver North und seinen Komplizen durch die amerikanische Justiz ihren Höhepunkt erreichte, auch weiterhin die Schweizer Gerichte. Der von North und seinen Mittätern aufgebaute Handel war ebenso einfach wie lukrativ: Mit der sachkundigen Unterstützung eidgenössischer Emire lieferten sie amerikanisches und israelisches Kriegsmaterial an den Ayatollah Khomeini. Der Ayatollah bezahlte in Dollar, aber vor al-

---

1 Michel Rocard, Vortrag bei der Konferenz »Dialogue 2000«, Paris, 1989, vgl. *Le Monde*, 28./29. Mai 1989.

lem in Drogen (Morphinbase und Heroin). Die Paten von Zürich aus operierender türkischer und libanesischer Ringe brachten die Drogen auf den internationalen Markt. Nach Abzug ihres Anteils überwiesen sie den Erlös auf Nummernkonten, die sie bei einigen der wichtigsten Genfer und Zürcher Banken und Kreditinstitute eröffnet hatten.

Im Auftrag von North und seinen Komplizen organisierten die Emire anschließend den Transfer des Kapitals nach Mittelamerika: Sie finanzierten damit den schmutzigen Krieg, den Söldnerbanden aus Honduras mit Sabotage, Terror und Mord gegen die Front Farabundo Marti in El Salvador und gegen die sandinistische Regierung in Nicaragua führten.

Resultat: Die Ayatollahs erhielten moderne Waffen, die sie für ihren »Heiligen Krieg« brauchten; in den Städten Europas und Amerikas starben weiterhin Kinder an Überdosen Rauschgift; in Mittelamerika erhielten die Contras die nötigen Millionen, um ihre Terrorfeldzüge gegen die landwirtschaftlichen Genossenschaften, Dörfer und Schulen in Nicaragua fortsetzen zu können. Und für jede dieser edlen Operationen kassierten die eidgenössischen Emire völlig legal ihre Provision.

Im Kapitel 18 des Dritten Buch Mose (Levitikus 18,21) wird eine unheimliche und schreckliche semitische Gottheit erwähnt, der Moloch. Die Kanaaniter opferten ihm regelmäßig Kinder aus unterworfenen Stämmen oder aus den ärmsten Familien. Vor der riesigen, erbarmungslosen bronzenen Statue, die auf einem Berg inmitten der Wüste stand, brannte Tag und Nacht ein Feuer. An jedem dreizehnten Vollmond wurden Kolonnen zitternder, elender und hungernder Kinder vor das Monster geführt. Man metzelte sie nieder, zerstückelte ihre Körper und warf die Teile in seinen weit geöffneten Rachen.

Wie der Moloch so ernährt sich auch die Schweizer Banken-Oligarchie von dem Fleisch und Blut der unterjochten tributpflichtigen Völker der drei ärmsten Kontinente.

DRITTER TEIL

Der Verfall der staatlichen Autorität

Kommt Ihr zu dem lieben Nächsten
Kommt mit gut geschärften Äxten
Nicht entnervten Bibeltexten und Schnickschnack!
Wozu all der Predigtplunder?
Seht, die Äxte tuen Wunder
Und mitunter glaubt an Wunder der Azdak.
Siebenhundertzwanzig Tage
Maaß er mit gefälschter Waage
Ihre Klage, und er sprach wie Pack zu Pack.
Auf dem Richterstuhl, den Balken
Über sich von einem Galgen
Teilte sein gezinktes Recht aus der Azdak.

Bertolt Brecht,
Der kaukasische Kreidekreis

1

Die Sphinx

Die bundesstaatliche Organisationsstruktur legt eine ungeheure Machtfülle in die Hände des Bundesanwaltes: Als höchster Justizbeamter des Landes fungiert er als öffentlicher Ankläger, leitender Staatsanwalt und Untersuchungsrichter in allen Strafsachen, die direkt der Bundesgerichtsbarkeit unterliegen; er ist Chef der Bundespolizei und schließlich verantwortlich für Spionageabwehr und die nachrichtendienstliche Aufklärung; er ist der oberste Chef aller Geheimdienste (mit Ausnahme der militärischen Nachrichtendienste, die dem Generalstab der Armee unterstehen) und der Politischen Polizei.

Kein anderes Justizsystem erlaubt eine solche Machtkonzentration, eine solche Vermischung von Funktionen und Anhäufung von Kompetenzen in den Händen eines einzelnen Amtsträgers.

Eine andere Schweizer Eigentümlichkeit: Das 1889 geschaffene Amt des Bundesanwaltes ist vor allem für die Sicherheit des Staates zuständig. Einzigartig in Europa: Kein Gesetz regelt und kein besonderer parlamentarischer Ausschuß kontrolliert die vielfältigen Aktivitäten zur Wahrung der inneren und äußeren Sicherheit des Staates. Nach der Formulierung der juristischen Kommentatoren spielen sich diese Aktivitäten in einem *rechtsfreien Raum* ab. Der Bundesanwalt legt beispielsweise Hunderttausende von Karteikarten (die er diskret an die verschiedensten Instanzen verteilt) über Hunderttausende von Bürgern an, ohne daß irgendeiner von ihnen auch nur die geringste rechtliche Handhabe hätte, Einblick in die ihn betreffenden Karteikarten zu verlangen (zu erfahren, ob Aufzeichnungen über ihn existieren, sie anzufechten, usf.).

Umgekehrt kann keine Regierungsstelle und keine parlamentarische Instanz den Bundesanwalt auffordern, gegen die vielen Ringe von Drogenhändlern und Betreiber von Geldwaschanlagen, die sich auf Schweizer Boden tummeln, vorzugehen und ihnen das Handwerk zu legen. Am Sitz der Bundesanwaltschaft, diesem düsteren, mit Antennen gespickten Betonklotz in der Berner Taubenstraße, ist der Willkür Tür und Tor geöffnet.

Eidgenössischer Bundesanwalt war – bis August 1989 – ein kleiner unscheinbarer Mann von geradezu sagenhafter Verschwiegenheit. Sein Name: Rudolf Gerber. Als treues Mitglied der Freisinnigen Partei in Zürich – übrigens derselben, der die meisten der großen Emire, das Ehepaar Kopp und andere angehören – war Rudolf Gerber zunächst lange Jahre Staatsanwalt des Kantons Zürich. Dieser Mann mit den glanzlosen hyänengelben Augen hinter dicken Brillengläsern, grauen Haaren und verhaltener Gestik ist ein geschworener Feind der Presse: Es gibt ganze zwei Fotos von ihm.

Rudolf Gerber ist eine geschickte Sphinx. Dieser undurchsichtige Jurist wurde 1973 – aus Gründen, die heute angeblich niemand mehr kennen will – auf die Kommandobrücke des Admiralschiffes der Taubenstraße gehievt.

Rudolf Gerber weckt in mir mit Schauder gepaarte Neugierde. Unter seiner Leitung hat die Bundesanwaltschaft mehr als fünfzehn Jahre lang wie eine Ordensbruderschaft funktioniert, eine Vereinigung von Männern (seltener von Frauen), die durch die gemeinsame Ergebenheit dem Chef gegenüber zusammengeschweißt wurde: der große Meister und seine Jünger.[1] Gerber sprach wenig, deutete seine Wünsche mehr an, als daß er sie explizit formulierte, aber er regierte seine Untergebenen mit eiserner Hand. Die Bruderschaft war von einer Mission erfüllt: mit allen Mitteln die linken Feinde der Ordnung und der Sicherheit des Staates, die unzähligen Spione, kurz, die Subversion, bekämpfen.

Diese archaische, gefährliche und realitätsferne Sicht des Landes, seiner Stellung in Europa und seiner Geschichte hat den Verstand der weitaus meisten – häufig sehr fähigen – Polizisten und Juristen, die in der Festung der Schweizer Bundesanwaltschaft leben und arbeiten, vergiftet. Kein Jünger der Sphinx wird je den Mund aufmachen, weder vor den drei Sonderermittlern noch vor den parlamentarischen Untersuchungskommissionen, die Licht in die Praktiken der Bruderschaft bringen sollen. Dabei ist Gerber ein farbloser, unscheinbarer Mann. Er hat nichts von einem glänzenden Führer, einem charismatischen Guru oder einem mitreißenden Chef, der seine Mitarbeiter in den Bann ziehen, aktivieren und mobilisieren kann.

Von 1973 an verwandelt der kleine Mann, dessen klassische Wutausbrüche bei seinen Mitarbeitern gefürchtet sind, die oberste Justizbehörde des Landes in eine Zelle des leidenschaftlich nach allen Seiten geführten antikommunistischen Kampfes. Aber von den umfangreichen und lukrativen Machenschaften der internationalen Heroin- und Waffenhändler sieht er nichts. Die Politik des Amtes hat unter seiner Leitung in zwei Punkten den Kampf gegen die Schieber beeinträchtigt:

---

1 Die Bundesanwaltschaft beschäftigt 231 sorgfältig ausgewählte Polizisten, Geheimagenten, Abhörspezialisten, Juristen usf.

Erstens: Mehr als fünfzehn Jahre lang hat er häufig nationale und internationale Informationen über den Finanzkreislauf der Gelder des Todes, die Organisation der Händlerringe und die wechselnden Strategien der Drogenbarone abgeblockt. Ein Beispiel: Am 15. Mai 1985 kamen in Lausanne 24 Untersuchungsrichter, leitende Beamte von Drogendezernaten und Staatsanwälte verschiedener Schweizer Kantone sowie zwei Antidrogenspezialisten aus Italien zusammen. Es ging darum, eine informelle Organisation aufzubauen, die einen schnelleren Informationsfluß zwischen den verschiedenen kantonalen Instanzen sicherstellen sollte. Ziel war eine effizientere Bekämpfung der Agenten des Todes, die von 1983/1984 an die Schweiz zu ihrer wichtigsten Operationsbasis gemacht hatten. – Rufen wir uns in Erinnerung: Die Agenten des Todes hatten sich in die Schweiz zurückgezogen, weil der von Präsident Reagan – in Panama, auf Barbados usw. – gegen sie geführte Feldzug erste Erfolge zu zeitigen begann. – Wie gesagt finden in der Schweiz die heikelsten Operationen des ganzen Todeshandels statt: das Waschen und Rückschleusen der Profite. Das ist die Achillesferse jeder internationalen Verbrecherorganisation. Um den Waschanstalten das Handwerk zu legen, braucht man eine schnelle und vollständige Informationsübermittlung. Die Richter, Staatsanwälte und Polizisten bekämpfen einen Feind, der es perfekt versteht, parzellierte, abgeschottete und auf die Kontinente und Länder verstreute Ringe aufzubauen. Einzig ein Gesamtüberblick ermöglicht es dem Richter, der Hydra den Garaus zu machen. Das Amt der Sphinx sollte innerhalb dieser neuen für Koordination und Informationsaustausch zuständigen Organisation natürlich eine ganz zentrale Rolle spielen.

Doch die Organisation war eine Totgeburt.

Der Journalist Urs-Paul Engeler hat die junge Berner Untersuchungsrichterin Daniela Wüthrich-Meyer, die seit

einigen Jahren mit aller Entschiedenheit gegen die Drogenhändler vorgeht, dazu befragt. Ihre Antwort: »Alle Infor-
mationskanäle waren gesperrt.« Engeler fragt, welche besondere Rolle ihrer Meinung nach der Bundesanwalt dabei
gespielt habe. Daniela Wüthrich-Meyer stellt eine »tiefe
Passitivität« fest, obwohl sie »immer wieder nachgestoßen
habe«.[1]

Die für die verschiedenen Antidrogendienste arbeiten-
den Ermittlungsbeamten indes, die häufig jahrelang eine
zermürbende, mutige und für sie und ihre Familien gefährliche Arbeit leisteten, haben nach und nach resigniert. Jacques-André Kaeslin und Fritz Wenger waren zwei der ener-
gischsten von ihnen. Jahrelang schimmelten die Berichte
Kaeslins in hermetisch abgeschlossenen Schubladen friedlich vor sich hin.[2] Fritz Wenger aber verläßt entmutigt die
Berner Kantonpolizei und gründet ein privates Detektiv-
büro.

Zweitens: Die Bundesanwaltschaft reagiert ganz nach Lust
und Laune auf Berichte, Hilfeersuchen, Informationen
und Beweise, die sie vom Ausland bekommt. Diese man-
gelnde Bereitschaft zur internationalen Zusammenarbeit
hat nicht nur schwerwiegende Folgen für den Kampf gegen
die Agenten des Todes in Europa, sondern auch für die
Drogenbekämpfung in der Schweiz. So verurteilte beispielsweise das Geschworenengericht des Seelands (einer
zentralen Region des Kantons Bern) 1989 einen einund-

---

1 Vgl. den Artikel von Urs-Paul Engeler, in *Die Weltwoche*, Zürich, 21. September 1989.
2 Erinnern wir uns: Kaeslin ist der unerschrockene Beamte, der im September
1988 kriminalpolizeiliche Ermittlungen gegen die Shakarchi Trading AG einleiten wollte, hinter der er eine der wichtigsten Waschanstalten des türkisch-
libanesischen Händlerringes vermutete. Die Sphinx schob seinem Eifer einen
Riegel vor: Sie entzog ihm den Fall, und die Regierung erteilte ihm eine diszi-
plinarische Rüge.

dreißigjährigen Türken, *Altinseven Cengiz*, zu einer Freiheitsstrafe von vierzehn Jahren. Cengiz war mit 16,5 Kilogramm Heroin erwischt worden. Der vorsitzende Richter sieht in ihm einen »Schieber mittleren Kalibers« (will sagen: einen, der für die mächtigeren Paten den Kopf hinhält, die unglücklicherweise, dem Gesetz entschlüpfen). Die Ermittlungen im Fall Cengiz, die Daniela Wüthrich-Meyer entschlossen leitete, haben acht Jahre gedauert. Frau Wüthrich-Meyer war überzeugt, daß Cengiz sie zu einem wichtigen Ring mit zahlreichen internationalen Verflechtungen führen würde. Mangels Informationen konnte sie einzig gegen Cengiz Anklage erheben. Kurze Zeit nach dem Urteilsspruch des Geschworenengerichts besucht der Journalist Urs-Paul Engeler Frau Wüthrich-Meyer und überreicht ihr die in Italien veröffentlichten Untersuchungsberichte des Rauschgiftdezernats der Guardia di finanza. Die Untersuchungsrichterin traut ihren Augen nicht: Die fraglichen Dokumente enthalten den Organisationsplan des Ringes, in dem Cengiz nur ein kleines Glied war. Die Adressenbüchlein seiner beiden am 26. Juni 1986 in Salzburg festgenommenen Chefs, *Ali Osman Canan* und *Ceyhan Sabattin*, sind Informationsquellen erster Ordnung. Die Richterin Wüthrich-Meyer jedoch, die von der Existenz dieser – möglicherweise in Bern zurückgehaltenen – Dokumente nichts wußte, mußte die Akte im Februar 1989 schließen (und an das zuständige Gericht weiterleiten).

Der sagenhafte Reichtum der Schweizer Banken, der Emire von Zürich, Basel, Lugano und Genf beruht vor allem auf skandalösen Geschäften, Kapital- und Steuerflucht. Die öffentliche Meinung nimmt daran um so weniger Anstoß, als nicht zu verachtende Brocken vom Tisch der Mächtigen für die Bevölkerung abfallen: in Genf, Basel und Lugano sind die Gehälter im Dienstleistungssektor durchschnittlich um 30 Prozent höher als in den angrenzenden französischen und italienischen Regionen. Allein in die Republik Genf strömen allmorgendlich 28 000 französische Grenzgänger, die aus den Departements Savoie, Ain und Haute-Savoie kommen.

Die Freibeuterei ist der traditionelle Lieblingssport der Schweizer Banken. Er wird allgemein toleriert. Aber die Affären Musullulu, Mirza, Kisacik, Parlak und so weiter, die die (unfreiwillige oder absichtliche) Komplizenschaft gewisser hoher Justiz- und Staatsbeamter mit den Agenten des Todes ans Tageslicht brachten, haben der öffentlichen Meinung einen kräftigen Schock versetzt.

Der öffentliche Druck hat die Bundesversammlung dazu veranlaßt, einen außerordentlichen Untersuchungsausschuß einzusetzen. Gleichzeitig hat die Regierung Alt-Bundesgerichtspräsident Arthur Haefliger damit beauftragt, die gesamte Amtsführung des Eidgenössischen Justiz- und Polizeidepartements unter die Lupe zu nehmen.

Arthur Haefliger ist ein allgemein geachteter Mann: im Kanton Solothurn geboren, hat er eine lange, glänzende Karriere hinter sich, die ihn bis in die höchsten Ränge der Schweizer Justiz führte. Er gehört überdies der gleichen politischen Partei wie Gerber und Kopp an, den mächtigen Freisinnigen. Was er entdeckt, erschreckt ihn. In einem 77 engbeschriebene Seiten umfassenden Bericht stellt er fest: »Unser Land ist zu einer Drehscheibe für das Rückschleusen schmutzigen Geldes geworden. Die Schweiz hat in der Drogenbekämpfung einen Rückstand von zehn bis fünfzehn Jahren. Das ist nicht weiter erstaunlich, da das Waschen von Geld [das aus dem internationalen Rauschgifthandel stammt] hier nicht strafbar ist.« Haefliger, der von dem mutigen Berner Untersuchungsrichter Alexander Tschäppät unterstützt wird, vernimmt 43 Personen und sichtet ganze Berge von Akten. Aber auch er stößt bei den treuen und ergebenen Knappen der Bundesanwaltschaft auf eine Mauer des Schweigens.

April 1989: Arthur Haefliger überreicht seinen Bericht dem Bundesrat. Dieser lädt unverzüglich den Bundesanwalt vor. Gerber droht. Er ist zu mächtig, verfügt über zu viele Aktennotizen, als daß er sich so – das heißt wie ein x-beliebiger Bürger – behandeln lassen müßte. Die Regierung schließt einen ersten Kuhhandel: Die graue Sphinx wird einfach nach Hause geschickt, nach Kehrsatz. Als Gegenleistung für das Versprechen, keinen Fuß mehr in sein Büro zu setzen, erhält Gerber weiterhin seine vollen Bezüge – umgerechnet 320 000 DM pro Jahr.

Die außerordentliche Nachsicht – manch einer wird sagen: Feigheit – der Regierung entfesselt diesmal einen Sturm der Entrüstung. Der Bundesrat nimmt sich der Sache erneut an. Um dem Protest den Wind aus den Segeln zu nehmen, beschließt er, ein Disziplinarverfahren gegen die Sphinx einzuleiten. Diese Aufgabe wird dem Basler Richter Hans Dressler übertragen, der seinen Bericht am 12. Juni 1989 überreicht.

Die Richtschnur der Regierung ist klar: Man will die erhitzten Gemüter beruhigen. Dressler, ein treuer Diener des Staates, bewältigt diese Aufgabe mit der Vorsicht eines Minensuchers und dem Geschick eines Seiltänzers. Er erweckt den Eindruck, die zwielichtige Amtsführung der Sphinx genauestens zu durchleuchten und produziert dabei einen kaum verständlichen Bericht, der vollgestopft ist mit dunklen Umschreibungen, vielsagenden Andeutungen und stereotypen Formeln. Der Strukturalist Roland Barthes über die Macht der Sprache: »Das Objekt, das von aller menschlichen Ewigkeit her die Macht enthält, ist… die Sprache.«[1]

---

1 Roland Barthes, *Leçon / Lektion – Französisch und Deutsch – Antrittsvorlesung im Collège de France*, übersetzt von Helmut Scheffel, Frankfurt a. M. 1980, S. 17.

Aber nicht alle Fakten gehen in der Dresslerschen Rhetorik unter: Einige tauchen hartnäckig immer wieder auf.

Kommen wir kurz auf die Affäre Simonian zurück: 1983 läßt der Staatsanwalt von Basel-Stadt, Jörg Schild, Hovik Simonian festnehmen.[1] Die wichtigsten Deckfirmen von Simonian haben ihren Sitz am Fuße des Schweizer Juras, in der Stadt Biel. Sie werden von einem betuchten Einwohner der Stadt, Walter Bieri, geleitet, dessen Sohn, Adrian, wie wir gesehen haben, Untersuchungsrichter ist – zufällig auch in Biel.

Der Sitz der tatverdächtigen Gesellschaften bestimmt den Gerichtsstand. Der Basler Staatsanwalt leitet die Akte also nach Biel weiter. Ein Wunder geschieht! Simonian wird auf freien Fuß gesetzt und das Verfahren eingestellt. Ja, er bekommt sogar noch Haftentschädigung.

Adrian Bieri wird befördert: Er wird von nun an seine glänzenden Fähigkeiten in den Dienst des Bundesanwaltes Rudolf Gerber stellen und für die Bekämpfung des Drogenhandels zuständig sein. Die Presse nimmt sich des Falles Simonian an. Im Bundeshaus in Bern stellen einige Abgeordnete unangenehme Fragen. Dies um so mehr, als die Affäre um den türkisch-libanesischen Ring, die Verhaftung der Brüder Magharian, die Anklageerhebung gegen Haci Mirza, die Machenschaften der Shakarchi usw., gerade erst bekanntgeworden sind. Die schweizerische und internationale Öffentlichkeit ist zutiefst schockiert.

Da begeht die Sphinx einen erstaunlichen Fehler: Am 29. November 1988 veröffentlicht sie ein Kommuniqué, demzufolge Adrian Bieri nichts mit den gegen den türkisch-libanesischen Ring und die Brüder Magharian eingeleiteten Ermittlungen zu tun hat. Nun ist aber gerade Bieri – auf

---

1 Zur Affäre Simonian siehe S. 69 f.

Bundesebene – für den Kampf gegen die Drogenhändler zuständig.

Rudolf Gerber, der Bundesanwalt und erste Justizbeamte des Landes, hat also die Unwahrheit gesagt. Daraus zieht Dressler folgende Schlüsse: »[Der Richter Dressler] ist der Ansicht, daß die irreführenden Auskünfte, die von staatlichen, für den Schutz des Rechtsstaates und die Verfolgung gesetzwidriger Handlungen zuständigen Organen erteilt wurden, schwerwiegende Folgen haben, da das in diese Organe gesetzte Vertrauen in Frage gestellt ist.«

Bravo, Herr Richter! Die Logik Ihrer Schlußfolgerungen ist nicht zu widerlegen![1]

»Unverständliche« Handlungsweisen sind in der Praxis des Amtes der Sphinx geradezu die Regel. Wir haben bereits die ärgerliche Gewohnheit erwähnt, bestimmte Drogenbarone weder zu verhaften noch auszuliefern, selbst dann nicht, wenn ein internationaler Haftbefehl vorliegt oder befreundete Länder, mit denen ein Auslieferungsabkommen besteht, in der rechtlich vorgeschriebenen Form um die Auslieferung der rechtskräftig verurteilten Personen ersuchen. Beispiel: Auf dem von Interpol ausgestellten internationalen Haftbefehl gegen den Agenten des Todes, Yasar Musullulu, der seit Jahren in seiner Villa um Ufer des Zürichsees ein behagliches Leben führt, und das unter seinem richtigen Namen, bringt ein Beamter der Bundesanwaltschaft den Vermerk an: »Nicht verhaften.«

Aber das Amt des dynamischen Bundesanwaltes greift auch in Verfahren ein, die kantonale Behörden eingeleitet

---

1 Richter Dressler hält dem Bundesanwalt vor allem vor, daß er es unterlassen habe, die Meldung zu berichten, als er merkte, daß sie falsch war. Er nennt das »Amtspflichtverletzung«.

haben. Beispiel: Als Jörg Schild, der Staatsanwalt von Basel-Stadt, die Telefonüberwachung der Hauptverdächtigen der »Pesetas Connection«, einer großen Organisation von Schmugglern, Schiebern, (korrupten) Schweizer Zöllnern und betrügerischen Bankiers mit Hauptsitz in Basel, anordnet – wozu er gesetzlich ermächtigt ist –, hebt Bern diese Überwachung auf.

Noch erstaunlicher: Als die Basler Justiz schließlich den Boß der Organisation verhaftet, gesteht dieser, im Besitz der Kopien der Abhörprotokolle zu sein, die die Schweizer Post an Schild geschickt hat!

In dem Bericht über das Dizisplinarverfahren gegen den Bundesanwalt werden mehrere beunruhigende Vorkommnisse erwähnt – »gesetzwidrige Handlungen« in den Worten Dresslers.

Der Nachfolger von Elisabeth Kopp im Amt des Justizministers, Arnold Koller, erbt die vergiftete Akte. Er kommt aus Appenzell, ist Christdemokrat und ehemaliger (und glänzender) Juraprofessor. Seine Ehrenhaftigkeit steht außer allem Zweifel. Aber auch er muß sich der Staatsräson beugen. Trotz der Ermittlungen, Vernehmungen, Presseartikel und Parlamentsdebatten hat die Sphinx nichts von ihrer unerbittlichen Arroganz und ihrer Macht verloren. Der Sturm geht an der Festung in der Taubenstraße spurlos vorüber. Die engsten Mitarbeiter der Sphinx sind ihr weiterhin mit Leib und Seele ergeben. Sie sind auch 1990 ungestört im Amt.

Woher kommt die unheimliche Machtanhäufung in der Taubenstraße? In den Jahren des Kalten Krieges hat sich dort, fernab jeder gesetzlichen Basis und von Parlament und Regierung völlig unkontrolliert, eine politische Parallel-Polizei etabliert, die häufig als eidgenössischer Stasi bezeichnet wird. Über 900 000 sogenannte *Fichen*, Schnüffelakten über das persönliche und berufliche Leben, die politische Gesinnung von Schweizer Bürgern (und auslän-

dischen Bewohnern des Landes) werden vom Bundesanwalt verwaltet.[1]

Kein Schweizer Bürger hatte bis 1990 das Recht, die ihn
betreffenden Akten einzusehen. Die Politische Polizei dagegen verschickte diese Akten feizügig an Arbeitgeber,
Verwaltungsstellen usw. Wie viele berufliche Karrieren
dieser Spitzeltätigkeit – von der die Öffentlichkeit bis zum
Ausbruch des Skandals keine Ahnung hatte – zum Opfer
fielen, läßt sich nachträglich nicht feststellen.

Die eidgenössische Gesinnungspolizei führt Register
über »politisch unzuverlässige Beamte«, über »Feministin-
nen«, über praktisch alle Sozialdemokraten, über Gewerk-
schaftler, über Atomkraftgegner. Beim Ausmisten in der
Taubenstraße fand man auch eine Überwachungskartei
über 18 000 ausländische Flüchtlingskinder aus den späten
vierziger Jahren: Diese waren von der Politischen Polizei
registriert worden, weil – so die offizielle Erklärung – darunter »potentielle spätere Spione« hätten sein können...

Ein Gerber-Mann, der Bundespolizeichef und Oberst-
leutnant Huber, war in Personalunion Chef der militärischen Gegenspionage. Auch im Eidgenössischen Militärdepartement wurde daher eifrig geschnüffelt: Man fand
Karteien, in denen Tausende »politisch unzuverlässiger«
Miliz-Offiziere und Soldaten für die präventive Verhaftung vorgemerkt waren.

Für diese höchst dubiose Schnüffeltätigkeit, die Weiter-
gabe der *Fichen* usw. ist bis heute kein einziger Verant-
wortlicher vor Gericht gestellt worden.

Zur Aufklärung dieser *Fichen*-Affäre hat das Parlament
im März 1990 zwei neue Untersuchungskommissionen
eingesetzt, eine für das Militärdepartement, eine für das

---

1 Selbst über den amtierenden Justizminister Arnold Koller, einen konservativen Christen, gab es ein persönliches Spitzel-Dossier.

Polizeidepartement. Auf das Ergebnis darf man gespannt sein.

Der ratlose Arnold Koller liest immer wieder den Dressler-Bericht. Er gibt ein Pressekommuniqué heraus, in dem er die Sphinx beschuldigt »schwere Fehler« begangen zu haben. Dann trifft er Gerber in dem großen getäfelten Büro des Justizministers im ersten Stock des Bundeshauses: Die Sphinx, ihrer Macht sicher und auf ihre *Fichen* vertrauend, pokert hoch. Die Verhandlung nimmt einen für sie günstigen Verlauf: Zum zweiten Mal schließt die Regierung mit Gerber einen Kuhhandel. Es werden keine Strafmaßnahmen gegen ihn ergriffen – dafür geht er in den vorzeitigen Ruhestand.

Die dubiosen Machenschaften, die bewußten oder unbewußten Informationsblockaden der mächtigsten aller Bundesämter, der Bundesanwaltschaft, beschäftigen dennoch weiterhin Regierung, Parlament, Presse und öffentliche Meinung. So widmet etwa die Parlamentarische Untersuchungskommission mehr als die Hälfte ihres Berichts den Praktiken dieses Amtes. Es ist unmöglich, alle neuen Sachverhalte anzuführen, die dieser Bericht zutage gefördert hat. Ich beschränke mich auf zwei Beispiele.

1982 wird ein Drogenhändler verhaftet, der bolivianisches Kokain in Umlauf bringt. Er hat gegen das Betäubungsmittelgesetz verstoßen. Während des Strafverfahrens enthüllt der Angeklagte, daß der von Interpol ausgeschriebene Klaus Barbie, ehemaliger Gestapo-Chef von Lyon und jetzt bolivianischer Staatsbürger, vor kurzem Flugzeuge in der Schweiz und Panzer in Österreich gekauft hat. Er wohnte in einem renommierten Zürcher Hotel. Womit bezahlt er diese Waffen? Mit Geldern, die aus dem Verkauf von Kokain stammen. Jacques-André Kaeslin fordert die Verhaftung Barbies und die Einleitung eines Ermittlungsverfahrens. Die Bundesanwaltschaft begnügt sich damit, gegen Barbie, der inzwischen abgereist ist, ein formelles Einreiseverbot zu verhängen. Begründung: »Seine Anwesenheit würde die Beziehungen der Schweiz zu Drittländern erheblich belasten.«[1] Kein einziges Wort über den Waffen- und Kokainhandel. Die Untersuchungskommission stellt zur Barbie-Affäre folgendes fest: Der Waffenhandel benutzt im allgemeinen dieselben Kanäle wie der Drogenhandel. Der Tausch von Drogen gegen Waffen ist eine gängige Praxis. In der Schweiz profitiert das organisierte Verbrechen in hohem Maße von der Tatsache, daß unerlaubter Waffenhandel so lange nicht bestraft wird, wie die Waffen nicht über Schweizer Staatsgebiet transportiert werden.[2]

Zweites Beispiel. Um die Kontrolle eines Gebietes oder die Beherrschung einer Organisation führen die Agenten des Todes häufig gegeneinander einen regelrechten Bruderkrieg. Erinnern wir uns: Carlos Lehder, die Nummer zwei der Drogenbarone von Medellín, wurde von Pablo Escobar an die amerikanischen Behörden ausgeliefert; er sitzt gegenwärtig in einem amerikanischen Gefängnis eine lebenslängliche Haftstrafe ab. November 1988: Der Schweizer Botschafter in einem Land Lateinamerikas wird von einem örtlichen Agenten des Todes aufgesucht. Dieser bietet ihm an, die Namen der regelmäßig in die Schweiz einreisenden Drogenkuriere und die Identität der wichtigsten von seiner Organisation benutzten Waschanstalten zu verraten. Der Botschafter nimmt unverzüglich Kontakt zu Bern auf: Er bittet die Bundesanwaltschaft um Instruktionen. Diese antwortet, eine Kontaktaufnahme sei nicht am Platz.

In seiner Verwirrung unternimmt der Schweizer Bot-

---

1 Bericht der Parlamentarischen Untersuchungskommission, a. a. O., S. 112
2 vgl. ebd.

schafter einen glücklichen, wenn auch völlig illegalen Schritt: Er nimmt Verbindung zu dem im selben Land akkreditierten amerikanischen Botschafter auf und gibt ihm, mit der Bitte, die DEA davon zu unterrichten, den Namen seines Informanten und die Methode, ihn zu kontaktieren, preis.[1]

Die häufige Weigerung der Bundesanwaltschaft, Ermittlungen gegen die Schweizer Waschanstalten des Todesgeldes einzuleiten, sowie ihre Untätigkeit gegenüber dem organisierten Verbrechen veranlassen heute die Parlamentarische Untersuchungskommission, die Auflösung dieses Amtes und seinen Wiederaufbau auf neuer Grundlage und nach völlig neuen Organisationsprinzipien zu verlangen.

Postskriptum: Zumikon ist ein bezaubernder kleiner Ort der »Goldküste« (Küste der Millionäre) am östlichen Ufer des Zürichsees. Dort wohnen neben dem Ehepaar Kopp auch mehrere Bankdirektoren. Elisabeth Kopp hat dort sogar ihre atemberaubende politische Karriere begonnen: Sie war bis 1984 Bürgermeisterin von Zumikon. Nach dem Sturz des Bundesanwaltes beginnen mutige Journalisten, die Vergangenheit des frisch Pensionierten zu durchleuchten und entdecken eine Leiche.

Am Morgen des 14. Januar 1976 findet ein Spaziergänger im Unterholz von Rumensee, auf dem Gebiet der Gemeinde Zumikon, die spärlich bekleidete, mit dem Gesicht zur Erde liegende Leiche einer schönen dunkelhaarigen, schlanken Frau. Es handelt sich um Anne-Marie Ruenzi, die neunundvierzigjährige Ehefrau eines schwerreichen Geschäftsmannes aus dem Ort. Die Autopsie ergibt, daß sie bereits seit vier Tagen tot ist. Die Frau wurde mit Chloroform betäubt und dann getötet.

Anne-Marie Ruenzi war eine Freundin der Sphinx. Die

---

1 ebd. (frz. Ausgabe) S. 107.

Polizei stellt fest, daß der Hauptzeuge in diesem Fall nach der Entdeckung des Verbrechens mehrere Male mit Gerber telefoniert hat. Und dennoch erachtet es der Untersuchungsrichter nicht für nötig, Rudolf Gerber zu vernehmen, und stellt das Verfahren ein.

Damals stellen einige Beobachter Hypothesen über den Fall auf. Doktor Wespi, Jurist und Mitarbeiter des *Tages-Anzeigers*: »Es ist nicht ausgeschlossen, daß die Zürcher Justiz Gerber decken wollte.« Die *Neue Zürcher Zeitung* vom 7. Juli 1976: »Im Mordfall Anne-Marie Ruenzi wird etwas verschleiert.« Bravo, liebe Kollegen! Aber *was* genau verhüllt diese überstürzte Einstellung des Verfahrens? Niemand wird es je erfahren.

Der mit dem Mordfall Anne-Marie Ruenzi betraute Untersuchungsrichter heißt *Walter Koeferli*, der berühmte »Herr Einsteller«.

März 1989: Die Vereinigte Bundesversammlung hat soeben die Immunität der Ex-Bundesrätin Elisabeth Kopp aufgehoben. Ein Untersuchungsrichter muß nun entscheiden, ob die gegen die frühere Justizministerin erhobenen Vorwürfe (Amtsmißbrauch, möglicherweise Korruption, usw.) Straftatbestände darstellen. Wem wird diese delikate Arbeit übertragen? Richtig: »Herrn Einsteller!« Diesmal überspannt die Regierung den Bogen. Die großen Tageszeitungen und Wochenmagazine protestieren. Der Parlamentarischen Untersuchungskommission platzt der Kragen. Der besondere Vertreter des Bundesanwalts, Hans Hungerbühler – derselbe, der den politischen Fall der Ministerin ausgelöst hatte –, aber auch der Vorsitzende der Untersuchungskommission gehen sogar so weit, den Kassationshof zu alarmieren. Alles umsonst. Die Regierung bleibt bei ihrer Entscheidung: Der scharfsinnige Walter Koeferli wird sich, mit aller gebotenen Gemächlichkeit und Vorsicht, des Falles Elisabeth Kopp annehmen.

Das Ergebnis – raten Sie!

2

Der kritische Intellektuelle
als Feind des Staates

Ein guter Mensch zu sein! Ja, wer wär's nicht gerne?
Sein Gut den Armen geben, warum nicht?
Wenn alle gut sind, ist SEIN Reich nicht fern
Wer säße nicht sehr gern in Seinem Licht?
Ein guter Mensch sein? Ja, wer wär's nicht gern?
Doch leider sind auf diesem Sterne eben
Die Mittel kärglich und die Menschen roh.
Wer möchte nicht in Fried' und Eintracht leben?
Doch die Verhältnisse, sie sind nicht so!

Da hat er eben leider recht.
Die Welt ist arm, der Mensch ist schlecht.

Natürlich hab' ich leider recht
Die Welt ist arm, der Mensch ist schlecht.
Wer wollt' auf Erden nicht ein Paradies?
Doch die Verhältnisse, gestatten sie's?
Nein, sie gestatten's eben nicht.

Bertolt Brecht,
Die Dreigroschenoper

Die Schweiz – in der Vorstellung der Nachbarvölker das
gelobte Land, das phantastische Paradies, der Hafen des
Glücks – verwandelt sich langsam in einen Alptraum.

Ein Paradox bestimmt diesen Verfall: die Kontrolle des
Staates und die von ihm errichtete öffentliche Ordnung

dehnen sich immer weiter aus. 1989 arbeitet jeder fünfte Arbeitnehmer bei einem öffentlichen Arbeitgeber oder einem Schweizer Staatsbetrieb (Staat, Kanton, Gemeinde, Post, Bundesbahn, usw.). Die Flut der vom Parlament oder der Bundesregierung verabschiedeten Gesetze, Erlasse und Verordnungen schwillt immer mehr an. 1950 umfaßte das Bundesblatt (das Gegenstück zur Sammlung des Bundesgesetzblattes in der Bundesrepublik) 14 Bände mit 12000 Seiten, 1988 35 Bände und 37000 Seiten. Zu dieser Flut von Gesetzen und Verordnungen muß man noch die Zehntausende von Gesetzgebungsakten der 26 Kantone und 3021 Kommunen des Landes hinzuzählen.[1]

Aber während die Zahl der Staatsbeamten immer größer wird, die Steuern beständig steigen, die Budgets sich aufblähen und die Verordnungen, Erlasse und Gesetze sich vervielfachen, kurz, der Wasserkopf der Verwaltung des Landes wächst, verliert der Staat dramatisch an Autorität. Machtlose oder konspirierende Richter, blinde Polizisten, zwielichtige Staatsanwälte, gefällige Beamten: Dieses Buch liefert dafür Beispiel en masse. Die Staatsgewalt der ältesten Demokratie Europas ist im Innern faul. Was sind die tieferen Ursachen dieses schleichenden und unaufhaltsamen Verfalls formell so bewundernswerter Institutionen?

Zwischen Staat und bürgerlicher Gesellschaft besteht eine lebendige Dialektik, eine subtile Alchemie. Versinkt diese in Amoralität und Zynismus, verfällt jener in Gleichgültigkeit und Willkür.

Um es noch einmal zu sagen: Der ungeheure Reichtum

---

1 Die winzige (und sehr schöne) Republik Genf hat 360000 Einwohner. 23000 sind Beamte des Kantons Genf, der jährlich immerhin die stattliche Summe von 4 Milliarden Schweizer Franken ausgibt (zweitgrößtes Budget der 26 Gliedstaaten der Eidgenossenschaft).

und die weltweite Macht der gesellschaftlichen Führungsschichten – der Bankemire, der Kapitäne der multinationalen Industrieimperien, des internationalen Handels, der
Immobilienspekulanten, der Waffen- und Devisenschie-
ber – beruht im wesentlichen auf der skrupellosen Ausbeutung der ärmsten Völker, der Steuerflucht aus den europäischen Ländern, dem Hehlen und Waschen der Beute der
internationalen Drogenhändler und auf der Kapitalflucht
aus den Ländern der Dritten Welt.

Die unmoralischen Finanzpraktiken, die unstillbare
Profitgier und die zu einer regelrechten Kunst entwickelte
Freibeuterei der Banken untergraben die bürgerliche Ge-
sellschaft. Gleich einem Schiff hat jedes Land seine Wasser-
linie. Sinkt die öffentliche Moral unter diese Linie, geht das
Schiff unter.

Der geächtete und verbannte Genfer Philosoph Jean-
Jacques Rousseau war sein Leben lang stolz auf den Titel
»Bürger von Genf«. 1755 widmete er sein erstes großes politisches Werk, den *Diskurs über den Ursprung und die
Grundlagen der Ungleichheit unter den Menschen*[1] – der
jedoch in Amsterdam gedruckt und der Akademie von Di-
jon vorgelegt wurde – den »Erlauchten, und sehr verehrten
und souveränen Herren, Ratsherren der Republik Genf«.
Gerade weil unser Vaterland so überschaubar sei, biete es
eine Menge Vorteile, meinte er. Eine kleine Republik er-
zeuge zwangsläufig ein dichtes Netz sozialer Kontakte
und eine dauerhafte und enge Verflechtung von Regierenden und Regierten. Nach Rousseau erlaubt ein kleines
Staatsgebiet – und eine geringe Zahl von Bürgern – den
Regierten, täglich die Handlungen der Regierung zu kon-

---

1 Jean-Jacques Rousseau, *Discours sur l'origine et les fondements de l'inégalité
parmi les hommes*. Dt. Ausgabe hrsg. von Heinrich Meier, Paderborn 1984.

trollieren, und stellt somit eine der wichtigsten Garantien für die Entfaltung der Demokratie dar. Nun, heute ist es gerade diese geografische, demografische und soziale Enge, diese »Überschaubarkeit«, die beständige Vermischung der Hierarchien, kurz, die enge und vielschichtige strukturelle Verflechtung von Gesellschaft und Staat, die die Schweiz ins Unglück stürzt.

Nach Israel ist die Schweiz das am stärksten militarisierte Land der Welt: 650 000 Soldaten und Offiziere bei einer Bevölkerung von 5,8 Millionen Einwohnern. Die Zentralregierung verpulvert jährlich mehr als 5 Milliarden Schweizer Franken – nahezu 20 Prozent des Staatshaushalts – für die Anschaffung moderner Waffen, die im allgemeinen überflüssig sind oder schnell veralten. Jeder Emir (und jeder Politiker), der etwas auf sich hält, ist wenigstens Oberst in dieser Miliz (es gibt – Gott sei Dank! – in der Schweiz weder Generäle noch eine Berufsarmee). Jedes Jahr werden die Emire, ihre Angestellten und alle ihre männlichen Mitbürger – bis zum fünfzigsten Lebensjahr – zu einer dreiwöchigen »Wiederholungskurs« genannten Militärübung einberufen. Offiziere, die für Führungsaufgaben vorgesehen sind, müssen anschließend mehrere Monate lang Militärschulen (Generalstabsakademie usw.) besuchen. In *Schweiz ohne Armee?* von Max Frisch sagt der Großvater zu Jonas: »Weißt du, Jonas, was ich mir anstelle der nächsten großen Wehrschau wünsche: im ganzen Land ein gewöhnlicher Werktag oder sagen wir: eine Woche, das kostet die Steuerzahler nämlich gar nichts, und eine Woche müßte es schon sein: BÜRGER IN UNIFORM... Eine Woche also im ganzen Land, und da geschieht weiter gar nichts: alle Schweizerbürger, die diensttauglich sind, erscheinen am Arbeitsplatz in ihrer militärischen Uniform. Nichts weiter. Was hältst du davon? Und alles ohne militärischen Rituale... Und nach einer Woche rufe ich dich an und du sagst mir, was dir aufgefallen ist. Hörst du? Wieweit die Kader in Wirtschaft und Industrie und Presse und Hochschulen identisch sind mit unseren militärischen Kadern, und wir überlegen uns, wessen Leibgarde sie ist, diese Armee.«...[1]

Außer der inzestuösen Verflechtung zwischen den politischen, ökonomischen und militärischen Hierarchien fördert eine weitere, typisch schweizerische Struktur den Verfall des Zentralstaates: die extrem föderalistische Verfassung der Eidgenossenschaft. Rousseau hielt sie für einen Vorzug.[2] Ich vertrete die entgegengesetzte Meinung, denn ich stelle fest, daß diese föderalistische Verfassung und die daraus resultierende Konsens-Ideologie heute ein Übel darstellen.

Nach dem schönen Ausdruck von Denis de Rougemont ist die Schweiz eine *Willens-Nation*, eine Nation also, deren einzige *objektive* Realität in dem brennenden *subjektiven* Wunsch ihrer Mitglieder besteht, eine Nation zu sein. Die Schweiz, der vier Völker angehören, deren reiche Sprache, Kultur und Religion völlig verschieden sind, und die über keine wirklichen zentralen Staatsinstitutionen verfügt, existiert nur in der Wunschvorstellung der Schweizer. Die zentrifugalen Kräfte sind aktiv, dynamisch und stellen eine ständige Bedrohung dar. Zwischen den verschiedenen Teilen des Landes, besonders den romanischen und alemannischen Regionen, bestehen riesige kulturelle Barrieren, psychologische Reibereien sind gang und gäbe.

Der Föderalismus ist eine heilige Kuh: Die Souveränität

---

1 Max Frisch, *Schweiz ohne Armee? Ein Palaver*, Limmat Verlag, Zürich 1989. Die Welturaufführung des Stückes von Frisch fand im Oktober 1989 in einer Inszenierung von Benno Besson in Deutsch im Zürcher Schauspielhaus und in Französisch im Théâtre de Vidy in Lausanne statt.
2 Robert Derathé, *Jean-Jacques Rousseau et la Science politique de son temps*, Librairie Vrin, Paris 1979, 2. Aufl.

der 26 in der Eidgenossenschaft vereinigten Republiken ist unantastbar. Ein einzigartiger Fall in Europa: als Nationalstaat ist die Schweiz ein höchst zerbrechliches, ständig bedrohtes soziales Gebilde. Das Schreckgespenst des Auseinanderbrechens geistert durch die Amtsstuben von Bern. Die Bundesregierung, in der alle wichtigen politischen Parteien, Sprachgemeinschaften und Religionen des Landes vertreten sind, spiegelt diese panische Angst vor der Zersplitterung wider. Sie verkörpert das Bewußtsein der extremen Zerbrechlichkeit des konföderativen Bandes.

Überall in Europa wurde 1848 die bürgerlich-republikanische Revolution im Blut erstickt – außer in der Schweiz! Die schweizerischen Radikalen, Urväter der heutigen Freisinnigen, schufen nach einem kurzen Bürgerkrieg gegen die reaktionären Patrizierklassen der alten Stände den modernen Bundesstaat. Die Eidgenossenschaft in ihrer heutigen Beschaffenheit ist revolutionären Ursprungs. Aber die Revolutionäre und Republikaner von 1848 erzeugten – wie Denis de Rougement sagt – *une nation à contre-courant*. Im Zeitalter der Homogenisierung, der unitaristischen Nationalstaatsidee, errichtete die Verfassung von 1848 einen Vielvölkerstaat, eine pluralistische föderative Nation mit schwacher Zentralgewalt und vielfachen Souveränitätsgarantien für die Gliedstaaten. Ein solches genossenschaftliches Staatsgebilde, in dem die zentrifugalen Kräfte fast so stark sind wie die zentralistischen, kann nur durch eine starre Konsens-Ideologie zusammengehalten werden.

Logische Folge: Die Schweizer haben eine krankhafte Angst vor jeder Form von Konflikt. Der – um jeden Preis zu wahrende – Konsens ist der höchste Wert. Folglich gibt es in der Schweiz so gut wie keine politischen Debatten. Jede Gesellschaftskritik, die mit dem Konsens bricht, wird sofort und logischerweise als Angriff auf die Schweizer Nation gewertet und der kritische Intellektuelle als Feind betrachtet.

Ich bemerke ein seltsames Phänomen: Je mehr das Ethos der gesellschaftlichen Führungsschichten und demzufolge der staatlichen Amtsträger verfällt, um so starrer, verlogener und dogmatischer wird die herrschende Ideologie des Landes, die angeblich ewige Werte verteidigt. Ein nahezu homogenes kollektives Bewußtsein beherrscht heute das eidgenössische Emirat. Dieses System der Selbstdeutung ist überaus verlogen. Die Selbstwahrnehmung und das Selbstbild der Schweiz sind völlig falsch. Die Vorstellung, die die Regierenden von ihrer Handlungsweise gegenüber den Emiren der multinationalen Gesellschaften, der Banken und der Industrie hegen, stellt natürlich keine wissenschaftliche Theorie dar. Im Gegenteil, die Machthaber bringen Erklärungen vor, die ein schiefes Bild vermitteln, das dazu dienen soll, ihre Handlungsweise als logisch, lauter, natürlich und unvermeidlich zu legitimieren, als Dienst an der Nation und an der Gemeinschaft. Aber diese Ideologie täuscht auch jene, die sie propagieren. Nicht wenige Protagonisten des Rückschleusens von schmutzigem Geld sind sogar von dem wohltätigen Charakter ihrer Mission überzeugt.

Selbst auf die Gefahr hin, grob vereinfachend zu erscheinen, möchte ich behaupten, daß heute viele Schweizer überhaupt nicht in der Lage sind, den langsamen Verfall ihrer Institutionen zu bemerken, geschweige denn etwas dagegen zu tun. Dazu fehlt es ihnen an dem geeigneten analytischen Instrumentarium. Beispiel: Im Juli 1989 befragt Yves Lassueur den Basler Staatsanwalt Schild, der tags zuvor zum Chef einer neuen Bundesstelle zur Bekämpfung des internationalen Drogenhandels befördert worden war.[1] Schild ist aufgrund seiner früheren Tätigkeit

---

1 Yves Lassueur, »Les trous de la corruption«, in *L'Hebdo*, 6. Juli 1989.

in Basel, das im Schnittpunkt der Grenzen zu Frankreich und Deutschland liegt, mit dem Absatz- und Finanzstrategien der Drogenbarone bestens vertraut.

> FRAGE VON Y. LASSUEUR: *Mit der Verhaftung eines bestochenen Zöllners in Genf, die sie im Rahmen Ihrer Ermittlungen gegen die »Pesetas Connection« vornehmen ließen, haben Sie für neuen Zündstoff gesorgt in einer Frage, die die Schweiz seit mehreren Monaten heftig bewegt: Erhält das organisierte Verbrechen in der Schweiz Rückendeckung von höchsten Stellen? Was ist Ihre Meinung?*

ANTWORT: Hören Sie, ich führe seit 1981 Ermittlungen gegen Drogenhändlerringe, und ich habe immer wieder festgestellt, daß es undichte Stellen gibt. Als ob unsere Gegner über beste Informationen verfügten und uns so stets drei Schritte voraus wären. Diese undichten Stellen befinden sich nicht nur am Fuße der Pyramide, sondern auch an ihrer Spitze. Ich würde also heute nicht mehr behaupten, daß es in der Schweiz keine Korruption gibt.

Welche Indizien haben Sie zu diesen Schlußfolgerungen bewogen?

1984 haben wir bei einigen Schiebern das Telefon angezapft. Heute erzählen uns einige Angeklagte, daß sie damals Kopien der bei diesen Abhörungen erstellten Protokolle erhalten hätten. Ich habe dafür noch keine schlüssigen Beweise – das kommt vielleicht eines Tages –, aber bis dahin zweifele ich nicht daran, daß diese Informationen stimmen. Die Frage ist, wer ihnen die geheimen Kopien zugespielt hat. Es gibt nur drei Möglichkeiten. Die undichte Stelle kann in der Post, in Bern oder in meinem eigenen Amt sein. Ich werde sie bestimmt eines Tages finden.

Können Sie noch andere Beispiele nennen?

Als wir neulich die Wohnung eines kurz zuvor verhafteten
baskischen Drogenschmugglers durchsuchten, trauten wir
unseren Augen nicht, als wir dort die geheime Telefonnummer des Basler Postamtes fanden, wo die Abhörungen
durchgeführt werden. Auch in diesem Fall wissen wir bis
heute nicht, wie sich der Ring diese Nummer verschafft
hat. Die Ermittlungen dauern noch an.

*Konnten die Schieber mit dieser Nummer herausfin-
den, wer die Telefonate abhörte und wann dies geschah?*

Ich kann Ihnen dazu nicht mehr sagen.

Der Dialog geht in der gleichen Tonart weiter.

Kurz: In diesem Interview mit Lassueur, aber auch in
seinen Gesprächen mit anderen Journalisten gibt der Basler Staatsanwalt klar zu verstehen, daß das organisierte
Verbrechen einige der höchsten Instanzen des Bundes und
der Kantone infiltriert hat. Die *Neue Zürcher Zeitung*, das
Sprachrohr der Interessen des multinationalen Kapitals in
der Schweiz und eine Zeitung von Weltruf, empört sich
darüber. Die Redaktion wendet sich an Schild, ruft ihn
mehrmals an, setzt ihm zu: Wisse er überhaupt, was er da
sage? Was genau bedeuteten seine Aussagen? Mache er
sich denn klar, wie schwerwiegend seine Anschuldigungen
seien, welche Auswirkungen sie auf die Glaubwürdigkeit
von Regierung, Justiz und Institutionen hätten? Der so
unter Druck gesetzte Schild erklärt sich zu einem weiteren
Interview bereit – diesmal im staatlichen Rundfunk der
alemannischen Schweiz. Er spielt seine früheren Äußerungen herunter und schwächt seine Schlußfolgerungen erheblich ab.

Muß man nun die Redakteure der *Neuen Zürcher Zeitung* im Verdacht haben, die Amoralität des Bundesanwaltes und der anderen von Schild erwähnten Instanzen auch noch gutzuheißen? Selbstverständlich nicht! Die Lösung, die sich mir aufdrängt und die sich aus der ideologischen Entwicklung ergibt, ist viel banaler: die intellektuelle, konservative und patriotische Elite, die die Redaktionsräume der *Neuen Zürcher Zeitung* bevölkert, kann sich einfach nicht *vorstellen*, was doch klar zutage liegt: daß das organisierte Verbrechen bestimmte Institutionen des Staates unterwandern kann.

3

Ein krankes Land

Denn wie man sich bettet, so liegt man
Es deckt einen keiner da zu
Und wenn einer tritt, dann bin ich es
Und wird einer getreten, dann bist's du.

Bertolt Brecht,
Aufstieg und Fall
der Stadt Mahagonny

Seit 1959 sind alle großen politischen Parteien proporzmä-
ßig in der Bundesregierung vertreten: zwei Sozialdemokraten, zwei Freisinnige, zwei Christdemokraten und ein
Vertreter der Schweizerischen Volkspartei. Die homogene
Zusammensetzung der Exekutivgewalt wird durch weitere
verfassungs- beziehungsweise gewohnheitsrechtliche Bestimmungen garantiert: Katholiken und Protestanten sind
gleichmäßig in der Spitze des Staates vertreten; jeder der
Bundesräte übt für jeweils ein Jahr die weitgehend ehren-
amtliche Funktion des Bundespräsidenten aus; die geografische Herkunft der Minister wird berücksichtigt: kein
Kanton kann mehr als einen Bundesrat entsenden, neben
drei romanischen (aus West- und Südschweiz) sitzen vier
alemannische Bundesräte.

Dennoch kann man nicht von einer Koalitionsregierung
sprechen: Zwischen den regierungstragenden Parteien gibt
es weder eine Koalitionsvereinbarung noch ein gemeinsa-
mes Programm, das diese Bezeichnung verdienen würde,

sondern lediglich eine vage Absichtserklärung, die alle vier Jahre erneuert wird. Heiliger Konsens und zur politischen Tugend erklärte Unbeweglichkeit sind das Geheimnis des erstarrten Schweizer Regierungssystems.

In jedem anderen zivilisierten Land würden die Oppositionsparteien, die von der Unterwanderung der höchsten Instanzen des Staates durch die Drogenmafia Wind bekämen, die feige Komplizenschaft und Unfähigkeit der amtierenden Regierung anprangern. Bei den nächsten Wahlen käme die Regierung zu Fall. Die neue Mannschaft würde die Schuldigen vor Gericht bringen und die nötigen Gesetze verabschieden, damit der Staat wieder handlungsfähig wird und sich gegen kriminelle Unterwanderung schützen kann.

In der Schweiz greift diese Methode nicht, denn es gibt keine politische Opposition, die über Wahlen einen Machtwechsel erzwingen könnte. Alle großen politischen Parteien, die die wichtigsten gesellschaftlichen Kräfte des Landes repräsentieren, sind an der Regierung beteiligt, und die wenigen im Parlament vertretenen kleinen Parteien haben nur den einen Wunsch: den großen einen Sitz abzujagen.

Im Gegensatz zu den anderen europäischen Demokratien kennt die Schweiz kein Gesetz, das die Mitgliedschaft in einem Parlament mit der gleichzeitigen Führungstätigkeit in einem Privatunternehmen (als Verwaltungsrat, Berater, usw.) für *unvereinbar* erklärt. Kaum gewählt, erhalten viele Mitglieder der Bundesversammlung das verlockende Angebot, in den Verwaltungsrat der großen Banken, der multinationalen Industrie- und Handelsgesellschaften, der Kreditinstitute, Immobilienimperien oder Versicherungskonzerne einzutreten. Diese Verwaltungsratsposten sind fette Pfründen: Für vier bis fünf Sitzungen im Jahr, in denen er im allgemeinen seinen Mund nicht aufmacht, kann der glückliche Deputierte/Verwaltungsrat bis zu 200 000 Schweizer Franken einsacken. Und manche meiner Kollegen haben bis zu dreißig Mandate angesammelt.

Überflüssig zu sagen, daß in den meisten Fällen den glücklichen Deputierten nichts zu solchen Ehren prädestiniert: Er ist weder aufgrund seiner Fachkompetenz noch aufgrund seiner Vorbildung für die Bank oder Industriefirma, die ihn bezahlt, von irgendeinem Nutzen. Alles, was die Emire von ihm wollen, ist, daß er im Parlament ihren Weisungen entsprechend abstimmt. Dieses System ist durch die Tatsache legitimiert, daß die Deputierten keine einem Vollamt entsprechenden Diäten beziehen, sondern lediglich ein nach den tatsächlichen Sitzungstagen berechnetes Sitzungsgeld und Aufwandsentschädigung erhalten (plus einer kleinen Zulage für das Studium der Akten).

Grundlage der heutigen Schweizerischen Eidgenossenschaft ist immer noch die Verfassung von 1848, die aus einem Bürgerkrieg hervorging, den die Republikaner, die Erben der Ideale der Französischen Revolution, gegen die Patrizier, die konservativen Anhänger des alten oligarchischen Regimes, führten. Die Schweiz ist das einzige Land Europas, in dem die große revolutionäre Welle von 1848 nicht von den Kräften der Reaktion gebrochen wurde. Der republikanische Sieg von 1847/1848 markiert den Übergang von einem Staatenbund zwischen souveränen Staaten (Kantonen) zu einem Bundesstaat, in dem die Gliedstaaten nur noch über begrenzte Hoheitsrechte verfügen.[1] In dem früheren Schweizer Staatenbund war die einzige zentrale Instanz, die Tagsatzung, eine feierliche Versammlung, in der sich ein-, zwei- oder dreimal jährlich – an ständig wechselnden Orten – die Gesandten der souveränen Kantone trafen. Jedes Mitglied der Tagsatzung war bei Abstimmungen an die ihm von der Regierung seines Heimatkan-

---

1 Dennoch bleiben auch in der Verfassung von 1848 den Gliedstaaten, das heißt den Kantonen, wesentliche Hoheitsrechte vorbehalten: Sie treten lediglich bestimmte Kompetenzen an den Bundesstaat ab.

tons auferlegten Weisungen gebunden. Einer der wichtigsten Siege, den die Revolutionäre von 1848, die Gründer des Bundesstaates in seiner heutigen Form, errungen haben, war die Abschaffung des imperativen Mandats. Dieses Prinzip ist in der Verfassung verankert.

Die offizielle Theorie lautet: Ein Deputierter entscheidet ausschließlich nach seinem Gewissen. Das Gewissen ist die höchste Instanz des vom Volk gewählten Repräsentanten... Diese altehrwürdige Theorie hat mittlerweile fast sakralen Charakter. Sie wird ausgerechnet von jenen Deputierten ständig strapaziert, die bereitwillig ihre Stimme verkaufen. Eine unwiderlegbare Rechtfertigung, an der kein Zweifel erlaubt ist.

Dennoch ist die Praxis, die sie konkretisiert, unerträglich. Einige aufs Geratewohl ausgewählte Beispiele neueren Datums mögen dies zeigen:

– Der Bundesrat, der die Energieverschwendung einschränken will, schlägt vor, einen entsprechenden Artikel in die Verfassung aufzunehmen. Die föderative Kammer des Parlaments, der Ständerat, beruft – satzungsgemäß – einen Ausschuß, der die Gesetzesdebatte vorbereiten soll. Von den dreizehn Ausschußmitgliedern haben sechs einen oder mehrere Verwaltungsratsposten in Elektrizitätsunternehmen inne.

– Wie wir gesehen haben, kommt es in der Parlamentsdebatte über das neue Bundesgesetz, das das Waschen von Drogengeld unter Strafe stellen soll, zu heftigen Wortgefechten. Der verabschiedete Gesetzestext ist schließlich so weit entschärft, daß die Funktionstüchtigkeit der großen Schweizer Waschanstalten kaum beeinträchtigt wird. Eine der größten multinationalen Banken, die am unmittelbarsten von diesem Gesetz betroffen wird, ist die Schweizerische Kreditanstalt; innerhalb von zwei Jahren hat sie 1,4 Milliarden Schweizer Franken des türkisch-libanesischen Ringes gewaschen. Drei Deputierte haben sich besonders nachdrücklich für die Verwässerung des Gesetzes eingesetzt. Diese drei Helden sitzen im Verwaltungsrat der Schweizerischen Kreditanstalt. Es handelt sich um Frau Spoery, die Herren Bremi und Stucky.

– Die gesetzlichen Bestimmungen der Schweiz über Aktiengesellschaften gehören zu den altertümlichsten der gesamten industrialisierten Welt. Unter dem Druck der Kleinaktionäre und nach zahlreichen Skandalen empfiehlt der Bundesrat der Bundesversammlung, das Gesetz von Grund auf zu novellieren, um die Transparenz, die Verantwortlichkeit des Vorstandes und die Kontrolle zu verstärken. Gegen diese Novelle wird ausgerechnet von jenen Deputierten – Blocher, Eisenring, Stucky – eine erfolgreiche Gegenoffensive gestartet, die selber als Verwaltungsräte der größten Aktiengesellschaften des Landes fungieren.

– Die Erfolge, die die Deputierten / Verwaltungsräte errungen haben, sind Legion: Nicht genug damit, daß sie die gegen die Interessen ihrer Wohltäter gerichteten Gesetzesvorhaben verstümmeln, verwässern und manchmal schlicht und einfach zu Fall bringen, nein, es gelingt ihnen auch häufig, die bloße Erwägung einer Maßnahme zu stoppen, die in irgendeiner Form ihren Gönnern Ungemach bereiten könnte. Beispiel: Die Steuer auf die Treuhänderkonten bei den großen multinationalen Banken und den diskreten Privatbanken, die das Vermögen von Ausländern verwalten. Dieses Steuervorhaben, das schließlich nur für etwas mehr Steuergerechtigkeit gesorgt hätte, hat die vorberatende Nationalrats-Kommission radikal zusammengestrichen.

Die zum System entartete ständige und legale Vermischung der Mandate des Volksvertreters und des Lobbyisten eines oder mehrerer Emire ist noch aus einem anderen Grund ausgesprochen schädlich: Sie erzeugt nicht nur finanzielle Abhängigkeiten, die die Institution Parlament aushöhlen, entstellen und letztlich zerstören, sondern auch regelrechte psychische und geistige Abhängigkeiten.

Ich erinnere mich an einen strahlenden Morgen im August 1989 im Bundeshaus in Bern. Im Erdgeschoß, in einem getäfelten Saal mit bequemen Sitzen, tagt der mit der Prüfung der parlamentarischen Initiative Feigenwinter betraute Ausschuß des Nationalrates. Hans Rudolf Feigenwinter ist Rechtsanwalt in Rheinach im Kanton Basel-Land. Er ist ein kleiner, stämmiger, agiler Mann, kurzsichtig, mit Temperament und Charakter. Sein Traum: ein Verwaltungratsposten in einer Großbank! Er fordert die völlige Abschaffung einer der ganz wenigen in der Schweiz noch existierenden Banksteuern, und zwar jener Steuer, die über eine Steuermarke auf die Übertragung von Aktien und anderen Wertpapieren erhoben wird.

Vorsitzender des Ausschusses ist der mächtige Peter Spaelti, Zürcher Nationalrat und Vorstandsvorsitzender der Winterthur-Versicherungen.[1] Die Ausschußmitglieder, durch das ungestüme Vorpreschen Feigenwinters etwas in Verlegenheit gebracht, beschließen, vor ihrer Abstimmung verschiedene Experten anzuhören.

Erster Sachverständiger: Jean-Pierre Cuoni, Präsident der Vereinigung der Auslandsbanken in der Schweiz. Der kleine, rundliche, fröhliche, intelligente und selbstzufriedene Mann beschreibt das Elend der Banken in der Schweiz. Die Steuer beibehalten? Was für eine Katastrophe! Die Kunden würden zu Hunderttausenden ihre Nummernkonten auflösen und in freundlichere Gefilde abwandern.

Zweiter Experte: Ernst Balsiger, der Generaldirektor des Schweizerischen Bankvereins. Bürstenschnitt, hagere Erscheinung, gemessene Rede, bläst er ins gleiche Horn wie der schlagfertige Cuoni: Vertreter des souveränen Vol-

---

1 Vgl. S. 13

kes, hinweg mit dieser verfluchten Steuer! Der Wohlstand der Nation hängt davon ab.

Schließlich erhält ein hochgewachsener Mann in den Vierzigern das Wort, dessen graugrüne Augen durch ein grünes Einstecktuch im prächtigen dezent grauen Anzug unterstrichen werden. Raffinierte Eleganz, gebieterische Stimme. Charles Pictet, Gesellschafter von Pictet et Cie in Genf, leitet die größte Privatbank des Landes.[1]

Die Bank Pictet et Cie zeichnet sich dadurch aus, daß ihre Gesellschafter, die zugleich Geschäftsführer sind, mit ihrem Eigenvermögen gegenüber jedem ihrer Kunden persönlich haften. Seit mehr als zweihundert Jahren sind sie zu Recht stolz auf dieses System, und geben bei jeder Gelegenheit zu erkennen, daß sie sich den Emiren der multinationalen Imperien weit überlegen fühlen, die doch nichts anderes seien, als verantwortungslose Angestellte, mit dem einzigen Risiko, ihre Jahresprämie zu verlieren.

Herr Pictet scheint nicht gerade viel von diesen linkischen, ungebildeten und unbeweglichen Volksvertretern zu halten. Mit gesenktem Kopf, einem Lächeln auf den Lippen und kaum unterdrückter Geringschätzung nimmt er den Kampf gegen die Repräsentanten des Volkes auf. Für die Ausschußmitglieder läßt er die Organisationspläne, Bilanzzahlen und Finanzierungsnetze auf eine Leinwand projizieren. Genf, Tokio, Luxemburg, Montreal... Der Kunde deponiert seine Ersparnisse in

---

1 In der Schweiz unterscheidet man die großen multinationalen Geschäftsbanken, die sämtliche banktübliche Dienstleistungen erbringen (und die sich natürlich ausschließlich in privater Hand befinden) von den kleineren, älteren – größtenteils aus dem 18. Jahrhundert stammenden – »Privatbanken«, die in erster Linie auf Vermögensverwaltung spezialisiert sind.

Genf, die dann sofort an eine der Zweigstellen von Pictet et Cie im Ausland transferiert werden. Mithin keine Steuern, keine Gebühren! Ein linker Deputierter aus Genf meldet sich schüchtern zu Wort: »Gibt es eine Banksteuer, über die das Parlament beraten könnte und mit deren Erhebung Sie einverstanden wären?« Klare Antwort von Pictet: »Keine! Jede Steuer auf Wertpapiere, gleich welcher Art, beeinträchtigt unsere Wettbewerbsfähigkeit gegenüber unseren ausländischen Konkurrenten.« Die Ausschußmitglieder könnten vor Freude an die Decke springen.

Man stimmt ab: 12 Stimmen dafür, 2 dagegen, 3 Enthaltungen. Der Ausschuß fordert die Abschaffung der Steuer.

Aber diese Vermischung von Ämtern und Funktionen ist nicht nur den Herren in Fleisch und Blut übergangen, sondern auch den Dienern. Hier ein Beispiel: Renate Schwob ist eine sehr begabte, elegante und hübsche junge Frau. Sie ist Juristin im Eidgenössischen Justizdepartement und bereitet das Gesetz gegen das Waschen von Drogengeld vor. Ihre Vorgesetzte ist in jenen Tagen die Bundesrätin Elisabeth Kopp. 1989: Elisabeth Kopp wird gestürzt, nachdem amerikanische Abhörexperten das schicksalhafte Telefongespräch mit ihrem Gatten aufgezeichnet hatten, der, wie erwähnt, Vizepräsident der Shakarchi Trading AG ist. Die stürzende Ministerin reißt Renate mit sich. Was ist aus der charmanten Renate geworden? Sie ist jetzt Juristin bei der Schweizerischen Kreditanstalt. Eben jener Bank, die, aus Versehen, die fette Beute des türkisch-libanesischen Ringes ein erstes Mal gewaschen hat. Renate kennt »ihr« Gesetz... und seine Lücken.

Als im Parlament eine Anfrage zu diesen erstaunlichen Praktiken eingebracht wird, antwortet der Bundesrat, sie seien völlig legal, und ein Verbot würde nur die Attraktivität des öffentlichen Dienstes beeinträchtigen.

Kann man die eiternden Wunden reinigen? Unmöglich in dem gegenwärtigen System: Der Krebs hat den gesamten Körper der Gesellschaft befallen. Ich sehe nirgends Chirurgen, die die nötigen Amputationen vornehmen könnten. Nirgendwo ein Pflegeteam, das gerüstet wäre, auch nur die allernötigste Behandlung sicherzustellen. Ich wiederhole: Um die eidgenössischen Ställe auszumisten, brauchten wir eine entschlossene Opposition oder zumindest einen Wechsel der Regierungsmannschaft. Leider gibt es in der Schweiz weder wirkungsvolle Oppositionskräfte noch Regierungswechsel. Die parlamentarische Opposition führt ein Mauerblümchendasein. Die außerparlamentarische Opposition ist unbedeutend, marginal, verrufen und machtlos. Das System verhindert jede tiefgreifende Reform.

Was bleibt, ist individueller Protest, innere Emigration, in die sich heute immer mehr Bürger zurückziehen. Die Wahlmüdigkeit nimmt seit ungefähr zehn Jahren kontinuierlich zu.[1] Jüngstes Beispiel: Die Wahl des Staatsrates (Regierung) der Republik und des Kantons Genf am 12. November 1989. Von 198 973 Wahlberechtigten haben sich ganze 66 153, also genau 33,25 Prozent an die Wahlurnen begeben (das entspricht einem Rückgang um 11 Prozent gegenüber 1985).

Viele Schweizer setzten gewaltige Hoffnungen auf ein vereintes Europa: von ihm erwarteten sie sich soziale und politische Reformen, zu denen das eidgenössische System selbst unfähig ist.

Juni 1989: Ich verfolge die europäischen Parlaments-

---

1 Diese Müdigkeit hat noch andere Ursachen: Die Schweiz ist eine Gesellschaft mit zwei Klassen – diskriminierend, oft ungerecht und herzlos zu den Armen. 557 000 Personen leben unterhalb des Existenzminimums. Die Renten unserer älteren Mitbürger (fast eine Million) sind völlig unzureichend. 0,5 Prozent der Bevölkerung besitzt mehr als 50 Prozent des steuerpflichtigen Vermögens. Ungefähr 80 Prozent des gesamten Grundbesitzes befindet sich in den Händen von 9,8 Prozent der Einwohner.

wahlen voller Wut im Bauch. Vor meinen Augen nimmt Europa Gestalt an, langsam, unter vielen Geburtswehen, aber unausweichlich. Durch diese Volkswahl der Abgeordneten erhält es seine Legitimität. Ein vereintes Europa, das fest auf dem Sockel des allgemeinen Wahlrechts, des Delegationsprinzips und des allgemeinen Willens ruht. Aber die Schweiz, die Heimat Rousseaus, nimmt nicht daran teil. Das eidgenössische Emirat will von Europa nichts wissen. Ich fühle mich wie ein frischgefangener Neger auf dem Sklavenmarkt: Ich folge den europäischen Debatten, den Argumenten, den politischen Wortgefechten; ich höre, ich sehe... Ich weiß, daß es bei diesen Streitereien, diesen Diskussionen um mein Schicksal geht. Und ich bin davon ausgeschlossen. Was für ein Widersinn!

Die Schweizer Eidgenossenschaft wird 1991 siebenhundert Jahre alt. Auf den 42 275 Quadratkilometern des im Herzen des Kontinents liegenden Staatsgebietes drängen sich 6,8 Millionen Menschen. Davon sind eine Million Ausländer, die meist aus Südeuropa kommen. Die 5,8 Millionen Schweizer gehören zu vier der reichsten und ältesten europäischen Kulturen: der französischen, deutschen, italienischen und rätoromanischen. Welches Volk könnte in seiner Zusammensetzung, seiner Geschichte und seiner geografischen Lage »europäischer« sein als dieses seltsame und rätselhafte Volk der Schweizer?

Dank ihrer ungeheuren wirtschaftlichen Macht, ihrer Kolonisierung des Parlaments, dank auch ihrem Einfluß auf Presse und Fernsehen, sind die Emire die wahren Herren des Landes. Einem gespaltenen und zögernden Bundesrat, einer unschlüssigen Bundesversammlung haben sie ihr Nein zu Europa aufgezwungen. Aus eigenem Willen und gegen jede historische, kulturelle, politische und geografische Logik wird die Schweiz aus der EG ausgeschlossen bleiben.[1] Jede supranationale Gesetzgebung und Autorität fürchten die Emire wie die Pest. Ein einheitliches europäisches Steuer- und Abgabenrecht, eine internationale Bankenaufsicht, eine wirksame Kontrolle des Drogenhandels, der vagabundierenden Gelder und der Spekulationen? Das wäre das Ende des Emirats. Da die Emire von Zürich, Genf und Lugano sich nicht selbst an den Galgen bringen wollen, wird die Schweiz auch weiterhin dem europäischen Haus fernbleiben.

---

1 Wie übrigens auch aus der UNO. 1986 stimmte das Schweizer Volk massiv gegen den UNO-Beitritt.

Die Revolte

Es kommt der Tag, da wird sich wenden
Das Blatt für uns, er ist nicht fern.
Da werden wir, das Volk, beenden
Den großen Krieg der großen Herrn.
Die Händler, mit all ihren Bütteln
Und ihrem Kriegs- und Totentanz
Sie wird auf ewig von sich schütteln
Die neue Welt des g'meinen Manns

Es wird der Tag, doch wann er wird
Hängt ab von mein und deinem Tun
Drum wer mit uns noch nicht marschiert
Der mach' sich auf die Socken nun

Bertolt Brecht,
Mutter Courage und ihre Kinder

Die Agenten des Todes haben einige demokratische Staaten bereits unterwandert. Sie gehören zu den zynischsten und grausamsten Feinden der Menschheit, die die Geschichte hervorgebracht hat. Die Demokratien müssen sie mit allen ihnen zur Verfügung stehenden legalen Mitteln bekämpfen. Ihr Überleben steht auf dem Spiel. Jene Emire, die die Beute dieser Menschenverächter waschen und gewinnbringend reinvestieren, stecken mit ihnen unter einer Decke. Auch sie müssen konsequent bekämpft werden.

Une Suisse au-dessus de tout soupcon wurde zum ersten Mal am 2. April 1976 veröffentlicht.[1] Seitdem sind mehr als vierzehn Jahre vergangen. In Frankreich finden regelmäßig Neuauflagen statt. Das Buch wurde in fünfzehn Sprachen übersetzt. Einige dieser ausländischen Ausgaben – insbesondere die amerikanische, italienische und japanische – finden nach wie vor großen Anklang. Alle Auflagen zusammengenommen, wurden bis heute von *Eine Schweiz – über jeden Verdacht erhaben* einige hunderttausend Exemplare verkauft.

Das Buch war eine Anklage gegen die zeitgenössische Schweiz, ihr verborgenes Gesicht, ihren »sekundären Imperialismus« in den Entwicklungsländern, das Räderwerk ihrer sichtbaren Regierung und jenes der wirklichen Macht, die diese verschleiert, ihre Rolle als Hehler von Fluchtkapital und – dank solch wunderbaren Institutionen wie Bankgeheimnis und Nummernkonto – als Drehscheibe der Aktivitäten multinationaler Gesellschaften; das Ganze schließlich eingeschlagen in die edle Fahne des Roten Kreuzes und bemäntelt von einem Diskurs der Neutralität und des Friedens, der die Herren der Bank von Genf oder von Zürich als die lammfrommen Philanthropen erscheinen läßt, die keiner Fliege etwas zuleide tun.

In der Schweiz führten die Medien eine Kampagne, die meine Landsleute in die größte Verwirrung gestürzt hat[2].

---

1 Jean Ziegler, *Eine Schweiz – über jeden Verdacht erhaben*, Luchterhand, Darmstadt 1976
2 Von Anfang an verfolgte diese Kampagne einen doppelten Zweck: Jede öffentliche Diskussion über die in dem Buch dargelegten Thesen zu vermeiden und den Autor zu »pathologisieren«. Später (im Frühjahr 1977) wechselte die Oligarchie der Banken ihre Taktik. Sie veranlaßte die Veröffentlichung von zwei Büchern, die meine Thesen widerlegen sollten: *Une Suisse insoupçonnée* (Éd. Buchet-Chastel) von Victor Lasserre, Chefredakteur von *L'Ordre professionnel*, dem offiziellen Sprachrohr der Arbeitgeberverbände; und *Des professeurs répondent à Jean Ziegler*, herausgegeben von der Abteilung für Öffentlichkeitsarbeit der Vorort (dem nationalen Dachverband der Schweizer Arbeitge-

Zwei Jahre lang erhielten meine Angehörigen und ich Drohungen, die mich dazu zwangen, zeitweilig um Polizeischutz zu bitten und ständig auf der Hut zu sein.[1]

Am 8. Oktober 1979 wird in der Bundeskanzlei ein Antrag zur Verfassungsänderung überreicht, der die Unterschriften von 130 000 Bürgern trägt und sich »gegen den Mißbrauch des Bankgeheimnisses und der Macht der Banken« richtet. Die Volksabstimmung fand am 20. Mai 1984 statt. Ergebnis: Der Antrag wurde mit 73 Prozent Neinstimmen abgelehnt.[2]

Gegen die Initiative hatten die Emire alle ihre Kräfte mobilisiert: Sie investierten eine geschätzte Summe von nahezu 20 Millionen Schweizer Franken in ihre Werbekampagnen und bestritten jeden der von den Initiatoren erhobenen Vorwürfe. Der Zustrom schmutzigen Geldes auf Nummernkonten? Das kann doch nicht Ihr Ernst sein! Fluchtkapital aus der Dritten Welt? Reine Verleumdung! Graues Geld, Ertrag der Steuerflucht der oberen Zehntausend Frankreichs, Italiens und Spaniens? Ein kommunistisches Hirngespinst!

Heuchelei gab den Ton an.

Nun, innerhalb von fünf Jahren ist aus der Heuchelei Zynismus geworden. Heute geben die Emire ohne Umschweife zu, daß sich ausländisches Kapital im Wert von

---

ber), der »Gesellschaft für die Entwicklung der Wirtschaft«, und verfaßt von den Professoren Gruner, Schaller und Kleinewerfers.

1 Zwei Bücher berichten über die Repressionen und Drohungen, die wir über uns ergehen lassen mußten: Marie-Madeleine Grounauer, *L'Affaire Ziegler, Le procès d'un hérétique*, Genève, Éd. Grounauer, 1977; Roman Brodmann, *Jean Ziegler, der Un-Schweizer*, Luchterhand, Darmstadt, 1979.

2 100 000 Stimmbürger können eine teilweise Abänderung der Verfassung verlangen. Über den von ihnen geforderten neuen (oder modifizierten) Artikel muß in einer Volksabstimmung entschieden werden; der Artikel ist angenommen, wenn die Mehrheit der Wähler und eine Mehrzahl der Kantone sich dafür ausspricht.

ungefähr 500 Milliarden Schweizer Franken auf Schweizer Bankkonten befindet (ohne die Wertpapierdepots) und ein Teil davon »wahrscheinlich« aus Drogengeschäften stammt. Sie verteidigen ganz offen Ferdinand Marcos, Duvalier und Mobutu; schützen die Beute des Medellín-Kartells und wehren sich mit Händen und Füßen gegen die Sperrung und die Beschlagnahme der Milliarden, die den Agenten des Todes gehören. Ihr Argument heute lautet: Indem wir unsere Kunden verteidigen, erhalten wir unsere Wettbewerbsfähigkeit gegenüber den anderen Bankimperien auf der Welt.

In meiner Arbeit als Anthropologe und Soziologe nimmt das vorliegende Buch – wie übrigens auch *Eine Schweiz – über jeden Verdacht erhaben* – eine Sonderstellung ein. Diese Bücher wurden in der Revolte geschrieben, sie wollen aufrütteln und die faszinierende, unglaublich komplizierte und vielfältige Gesellschaft analysieren und kritisieren, in der ich lebe, deren Produkt ich bin und an die ich immer noch glaube. Wenn ich die Kette des Todes zerlege, die Vorgänge anprangere, die über zwischengeschaltete Nummernkonten, Börsen und lokale Diktaturen viele Millionen Menschen in Afrika, Asien und Lateinamerika zu einem menschenunwürdigen Dasein verdammen, dann möchte ich damit auch an der Befreiung des Schweizer Volkes mitwirken.

Daß zahlreiche Emire zu zynischen Geldwäschern werden, die das Todesgeld hehlen, nimmt mich nicht sonderlich wunder. Das liegt an der völligen Amoralität, die einen bestimmten Typus des Bankgewerbes auszeichnet. Profitmaximierung und Raffgier sind die Gesetze, die das Funktionieren dieser gigantischen Pumpe für schmutziges Geld steuern, zu der das eidgenössische Emirat verkommen ist.

Aber wie konnte der Staat von diesem Krebsgeschwür befallen werden? Wo befindet sich der Tumor, von dem aus sich die Metastasen im gesamten Körper ausbreiteten, um schließlich die lebenswichtigen Organe zu befallen?

Erste Hypothese: das Geld. In einem Land, wo die Ströme schmutzigen Geldes in allen möglichen geheimen Sickerbecken und Kanälen der bürgerlichen Gesellschaft verschwinden, wäre es doch erstaunlich, wenn der Staat von der Korruption verschont bliebe.

Die zweite Hypothese jagt mir einen kalten Schauer über den Rücken: Wie, wenn die wirkungsvolle Protektion und die zahlreichen Begünstigungen, die einigen Drogenbaronen zuteil werden, auf der Androhung physischer Gewalt beruhten? Diese Hypothese ist durchaus plausibel.

Samstag, 16. Oktober 1989: Die Staatsanwaltschaft kündigt im Fall der »Pesetas Connection« die unmittelbar bevorstehende Eröffnung eines Ermittlungsverfahrens gegen den Leiter der Zollstelle von Thônex an, einer Ortschaft an der Grenze zwischen dem Genfer Staatsgebiet und dem französischen Departement Haute-Savoie. Der Beamte wird der Bestechlichkeit bezichtigt: Er soll den mit internationalem Haftbefehl gesuchten Mitgliedern einer kriminellen Vereinigung den Grenzübertritt erleichtert haben. Die Frau des Zöllners, vor Angst zitternd, leichenblaß und völlig verwirrt, antwortet auf die Fragen von Journalisten: Nein, ihr Mann sei niemals lange ausgeblieben, er sei ein solider Mensch, ernsthaft, ohne die geringste Leidenschaft. Diese Frau fällt aus allen Wolken; sie versteht überhaupt nichts. Die Ermittlungsbeamten stellen fest, daß die Familie einen bescheidenen Lebenswandel pflegt. Einzige Hypothese im gegenwärtigen Stand der Ermittlungen: der Dienststellenleiter hat sich durch Drohungen gegen sein Leben und das seiner Angehörigen einschüchtern lassen.

Im Rahmen dieser Ermittlungen läßt der Basler Staatsanwalt Jörg Schild die Telefone des Ringes anzapfen. Nach

monatelangen Beschattungen, internationalen Nachforschungen und in alle Himmelsrichtungen Europas ver-
schickten Rechtshilfeersuchen wird die Bande verhaftet.[1]
Doch welche Überraschung: Die Polizisten entdecken –
wie wir gesehen haben –, daß einige Mitglieder des Ringes
genaue Kopien der von der Post aufgezeichneten Telefongespräche besitzen. Wie konnten die Verdächtigen an diese
Aufzeichnungen gelangen? Es gibt nur zwei mögliche
Antworten: durch Bestechung oder durch Gewalt. Ich
neige zur zweiten Erklärung.

Drittes Beispiel: Zwei der aktivsten und dynamischsten
Staatsanwälte, die je an der Drogenfront gekämpft haben –
Paolo Bernasconi, der sich die »Pizza Connection« vorgeknöpft hatte, und Dick Marty, der vorübergehend dem
türkisch-libanesischen Ring das Handwerk gelegt hatte –
legten auf dem Gipfel ihres Ruhmes ihre Ämter in Lugano
und Bellinzona nieder. Sie quittierten sogar ihren Dienst
bei der Justiz – ganz plötzlich!

Zahlreiche Drogenbosse, deren Verbrechen in diesem
Buch geschildert werden, sind auf mysteriöse Weise vor
ihrer Verhaftung aus der Schweiz verschwunden und leben
völlig unbehelligt irgendwo in Europa. Sie haben sicherlich
nichts von ihrem riesigen Vermögen und ihrer Macht verloren. Ihre bewährten Waschanstalten arbeiten weiterhin
störungsfrei.

Die *sicarios* des Kartells von Medellín pflegen ihren po-
tentiellen Opfern Fotografien ihrer Kinder oder ihrer Ehefrau zu schicken, denen sie einen kleinen Sarg beilegen. In
Lateinamerika gibt es praktisch niemanden, den solch eine
Drohung nicht einschüchterte; weshalb sollte ausgerechnet ein Schweizer Beamter mutiger sein? Gegen das or-

---

1 Vgl. S. 165

ganisierte Verbrechen scheint der gewöhnliche Bürger machtlos zu sein.

Blaise Pascal sagte: »Der Mensch ist ein Nichts, fähig Gottes.« Und Gott heißt Verantwortlichkeit, Freiheit, Wachsamkeit und kritische Wahl. Sind wir dazu verdammt, die Welt so hinzunehmen, wie sie ist? Hat die Geschichte keinen Sinn? Ist das Leben nur »ein Märchen, erzählt von einem Dummkopf, voller Lärm und Wut, das nichts bedeutet«, wie Macbeth sagt? Natürlich nicht. Wir allein gestalten unsere Geschichte. Alle in diesem Buch geschilderten Probleme und Widersprüche können von uns gelöst werden. Von uns, dem Volk.

Heute brechen die totalitären Regime im Osten zusammen wie morsche Gebäude. Die Völker erheben sich gegen Unterdrückung, Ungerechtigkeit und Lüge. Das organisierte Verbrechen, das in einige westliche Demokratien dringt, unterdrückt die Menschen zwar nicht – aber es will sie korrumpieren und ihre Institutionen aushöhlen.

Und in der Schweiz? Liegt das Volk im Koma? Ich glaube nicht. Die moralische Kraft eines Volkes, seine Fähigkeit aufzubegehren, sein Wunsch frei zu sein, sind wie der Vulkan Monotombo in Nicaragua: Nach einem langen Schlaf, in dem er das Gewicht der Felsen, die ihn erdrükken, wie gleichmütig hinnimmt, erwacht er plötzlich und schleudert die Flammen der Befreiung weit in den Himmel empor.

In der Schweiz wie in anderen Ländern schlummert unter der Oberfläche scheinbarer Resignation der Traum eines gemeinsamen Lebens in Würde, Gerechtigkeit und Freiheit. Ich zweifle nicht, daß eines nahen Tages die Revolte ihn zum Leben erwecken wird.

Shen Te, der »gute Mensch« von Sezuan, faßt meine Hoffnung zusammen:

Oh, ihr Unglücklichen!
Euerm Bruder wird Gewalt angetan, und ihr kneift
    die Augen zu!
Der Getroffene schreit laut auf, und ihr schweigt?
Der Gewalttätige geht herum und wählt sein Opfer
Und ihr sagt: uns verschont er, denn wir zeigen kein
    Mißfallen.
Was ist das für eine Stadt, was seid ihr für Menschen!
Wenn in einer Stadt ein Unrecht geschieht, muß ein
    Aufruhr sein
Und wo kein Aufruhr ist, da ist es besser, daß die
    Stadt untergeht
Durch ein Feuer, bevor es Nacht wird![1]

1 Bertolt Brecht, *Der gute Mensch von Sezuan*, Suhrkamp Verlag, Frankfurt 1957.

DANKSAGUNG

Anne Cudet hat, unterstützt von Arlette Sallin, dafür gesorgt, daß meine Arbeit in eine lesbare, maschinengeschriebene Form gebracht wurde. Dominique de Libera hat freundlicherweise die Erstellung der endgültigen Textfassung übernommen.

Richard Labévière, Mireille Lemaresquier und Régis Debray haben die zentralen Thesen des Buches mit mir diskutiert.

Rudolf A. Strahm ließ mich von seinen außergewöhnlichen Kenntnissen des Kapitalverkehrs und der schweizerischen Bankenwelt profitieren.

Isabelle Bardet hat die einzelnen Schritte der Veröffentlichung koordiniert.

Mehrere hohe Beamte und andere Personen, die innerhalb und außerhalb der Verwaltung teils bedeutende Funktionen ausüben, haben mich an ihren Erkenntnissen, ihren Befürchtungen und ihrer Empörung teilhaben lassen. Aus verständlichen Gründen nenne ich nicht ihre Namen.

Während der letzten Arbeitsphase ist mir die anspruchsvolle Mitarbeit von Olivier Bétourné zugute gekommen. Ohne seine umsichtige Freundschaft, seine gewissenhaften Ratschläge und seine unablässige Ermutigung hätte ich dieses Projekt nicht abschließen können.

Friedrich Griese und Thorsten Schmidt danke ich für ihre kluge Übersetzung. Die deutsche Ausgabe wurde mit großer Sachkenntnis von Renate Reifferscheid redigiert und von Ulrich Wank (Lektorat) und Hanns Polanetz (Herstellung) betreut. Ihnen allen gehört meine tiefe Dankbarkeit.

Koko lebt –
und wir zahlen weiter

300 Seiten. Kt.